DAS

WECHSELRECHT DER POSTGLOSSATOREN.

DAS
WECHSELRECHT
DER
POSTGLOSSATOREN.

VON

DR. CARL FREUNDT,
RECHTSANWALT IN HAMBURG.

ERSTER TEIL.

LEIPZIG,
VERLAG VON DUNCKER & HUMBLOT.
1899.

Vorwort.

Das Quellenmaterial, welches die moderne Forschung über die Geschichte des mittelalterlichen Wechsels vorwiegend, in neuester Zeit sogar noch ausschliefslicher als früher, bearbeitet und auf dessen stetige Erweiterung sie bedacht ist, besteht in Urkunden, statutarischen Bestimmungen und gelegentlichen dem kaufmännischen Verkehr entstammenden Mitteilungen über Verwendung von Wechseln (Handels- und sonstige Korrespondenzen, Schöffensprüche u. a. m.).

Neben Dokumenten, welche einer dieser Kategorien angehören, finden die wechselrechtlichen Erörterungen der mittelalterlichen Juristen nur geringe Beachtung, und während gerade in letzter Zeit eine beträchtliche Reihe höchst wichtiger und interessanter, dem praktischen Geschäftsverkehr entstammender Dokumente ans Licht gezogen sind, hat sich die Zahl der juristischen Schriften entstammenden Quellen des Wechselrechtes seit den Abhandlungen von Holtius und Biener, also seit 40 Jahren[1] überhaupt nicht vermehrt.

Sicherlich war diese Richtung, welche die moderne Forschung nahm, sachgemäfs. Die Aufhellung der Geschichte eines Rechtsinstitutes, welches in dem Mafse wie der mittelalterliche Wechsel der Verkehrsübung angehört, kann nur damit begonnen werden, dafs seine Verkehrserscheinung und seine Verkehrsfunktionen erforscht werden und für diese

---

[1] Die von Endemann besprochenen Erörterungen der dem Mittelalter angehörigen Kanonisten und Legisten betreffen Fragen des Wechselrechtes überhaupt nicht.

Zwecke ist das bisher vorwiegend benutzte Quellenmaterial sehr verwendbar und ist es auch eingehend verarbeitet worden.

Für die Lösung der juristischen Probleme dagegen kann es nicht in gleicher Weise eine Grundlage bilden. Die Statutargesetzgebung regelt bekanntlich ganz überwiegend nur principiell unwichtige Nebenfragen und gehört aufserdem zum gröfsten Teil einer ziemlich späten Zeit an. Die Urkunden aber geben zwar über den thatsächlichen Inhalt, nicht aber über die juristische Natur der in ihnen bekundeten Verpflichtungen eine unmittelbare Auskunft, ganz abgesehen davon, dafs bekanntlich gerade die Tratte eine Diskrepanz zwischen der äufseren Form und dem juristischen Inhalte zeigt. Die kaufmännischen Korrespondenzen endlich u. w. d. a. bieten wesentlich nur ein Bild des äufseren Herganges des Wechselverkehrs und die Schöffensprüche enthalten nur Thatbestand und Entscheidung, geben aber keinen Aufschlufs über die Rechtsgedanken und Erwägungen, welche der Entscheidung zu Grunde liegen.

Diese Beschaffenheit des Quellenmaterials hat den Resultaten der bisherigen Forschung ihren Charakter aufgeprägt.

Die modernen Erörterungen sind zu einer systematischen Darstellung der juristischen Seite des mittelalterlichen Wechsels gar nicht gelangt, sondern beschränken sich in dieser Beziehung auf die Besprechung einiger specieller Fragen (insbesondere z. B. der Frage nach dem juristischen Grunde der Regrefsverpflichtung des Ausstellers einer Tratte), ohne dafs jedoch auch nur über diese Fragen eine auf durchschlagend beweiskräftiges Quellenmaterial gegründete Meinung aufgestellt werden könnte. Eine wirklich systematische Darstellung des Wechselrechtes wird vielmehr erst für die Zeit des 16. und 17. Jahrhunderts gegeben; erst für diese Zeit nämlich besitzen wir in den immer ausführlicher werdenden Wechselordnungen, ganz besonders aber in den Schriften von Scaccia und Raphael de Turri sowie in den Entscheidungen der genuesischen Rota das specifisch juristische Quellenmaterial für eine solche Darstellung.

In der nachfolgenden Abhandlung ist der Versuch unternommen, die juristische Natur der von der modernen Forschung als mittelalterliche Wechsel bezeichneten Urkunden, die Entstehung und den juristischen Inhalt der aus diesen Urkunden hervorgehenden Verpflichtungen, sowie die Entwickelung der Form dieser Urkunden und die Rechtsgedanken, aus welchen dieselben hervorgegangen sind, dadurch ans Licht zu stellen, dafs die von solchen Urkunden handelnden Erörterungen der mittelalterlichen Wissenschaft des römischen Rechts möglichst vollständig gesammelt, erläutert und mit den Ergebnissen, welche sich aus den Urkunden selber und sonstigen Zeugnissen des praktischen Verkehrs gewinnen lassen, verglichen worden sind.

Einem solchen Unternehmen hat bisher, wie es scheint, nicht nur die bisweilen auftretende Meinung, dafs die Romanisten des Mittelalters sich um den Wechsel gar nicht oder doch sehr wenig gekümmert hätten und die vermeintliche Unübersichtlichkeit der Darstellungsart ihrer umfangreichen Schriften, sondern auch die Anschauung entgegengewirkt, dafs die etwaigen wechselrechtlichen Erörterungen dieser Schriftsteller doch nur wenig zur wirklichen Erweiterung unserer Kenntnisse beizutragen vermöchten. Denn wenn schon die moderne Wissenschaft die rein romanistisch-dogmatischen Leistungen der mittelalterlichen Juristen, insbesondere die der Postglossatoren (nur um die Postglossatoren kann es sich angesichts der Zeit, in welcher wenigstens die Tratte sich entwickelt hat, im wesentlichen handeln) nicht besonders hoch schätzt, so wird vollends ziemlich ausnahmslos ihren Erörterungen der Fragen des mittelalterlichen Handelsrechts jeder Wert abgesprochen, weil sie angeblich dem Handelsverkehr ihrer Zeit fremd oder gar feindlich gegenüber gestanden hätten, das Handelsrecht ihrer Zeit lediglich „durch die romanistische Brille“ angesehen und in die Fesseln des römischen Rechts hätten schlagen wollen. Anschauungen dieser Art, deren entschiedenste Vertreter allerdings nicht gerade grofse Vertrautheit mit den Schriften der von ihnen so hart beurteilten Postglossatoren zu verraten pflegen, sind, wie es scheint, auch die Ursache dafür gewesen, dafs der specifisch juristische Inhalt der bisher bekannten Erörterungen dieser Schriftsteller (insbesondere das cons. I. 348 des Baldus; ein wirkliches Kompendium des damaligen Wechselrechts) entweder gar nicht beachtet oder doch mifsverstanden worden ist.

Solche Anschauungen sind aber nur zum Teil berechtigt. Während die Glossatoren vorwiegend der Exegese und dogmatischen Durchdringung des Corpus juris, also theoretischen Aufgaben zugewendet sind, zeigen die Schriften der Postglossatoren ein im Laufe der Zeit sich stetig steigerndes Bestreben, die Verkehrs- und Lebensverhältnisse ihrer Zeit juristisch zu analysieren. Wissenschaftliche Aufgaben solcher Art aber können nicht ohne eindringende Kenntnis des praktischen Lebens gelöst werden und die Konsiliensammlungen geben ein klares Bild davon, in welchem Umfange (vielleicht mit Ausnahme des Bartolus) gerade die Koryphäen der Postglossatoren, meistens Männer, die als praktische Juristen viel und mannigfach thätig gewesen sind, Kenner des Verkehrs ihrer Zeit waren.

Richtig ist freilich, dafs die wissenschaftliche Thätigkeit dieser Juristen darin besteht, den Thatbestand der Verkehrserscheinungen nach Möglichkeit römischrechtlich zu „konstruieren“, d. h. unter Begriffe des römischen Rechts einzuordnen, um aus dem römischen Rechte die Normen für die Entscheidung von Einzelfragen zu entlehnen. Diese Sachlage macht jedoch solche Erörterungen keineswegs für die Erkenntnis des wahren juristischen Inhalts eines Verkehrsinstituts ungeeignet, denn sie sollen ja nicht, insofern sie den Rechtsgehalt der Verkehrserscheinungen konstruieren, sondern sofern sie ihn darlegen, um ihn zu konstruieren, betrachtet werden.

Aber ihr Wert für die Geschichte des Wechselrechts geht m. E. noch über den blofser Materialien zur Kunde der von ihnen behandelten Verkehrsthatbestände hinaus.

Sicherlich ist das Wechselrecht nicht von Juristen, sondern von Kaufleuten ursprünglich angewendet worden, aber im

Laufe seiner Entwickelung hat es eine Stufe erreicht, auf der für die Lösung der Probleme, die es stellte, das ungeschulte Rechtsbewufstsein der Kaufleute nicht mehr ausreichte. Es haben dann auf die Anwendung und Fortbildung dieses Rechtes die Juristen, d. h. die Postglossatoren einen immer steigenden Einflufs gewonnen; ihre Doktrin ist nach und nach die Grundlage der Praxis geworden. Voll entwickelt erscheint dieser Rechtszustand z. B. in den Entscheidungen der genuesischen Rota, deren Standpunkt sich dahin zusammenfassen läfst, dafs für den Sinn der Parteierklärungen und Beredungen die Auffassung des Verkehrs mafsgebend ist und dafs festgestellte Handelsgewohnheiten oder statutarische Rechtssätze selbstverständlich zur Anwendung zu kommen haben, dafs aber die wissenschaftliche Bearbeitung und Durchdringung aller dieser Materialien dadurch erfolgt, dafs sie römischrechtlich konstruiert werden. Das römische Recht aber, welches hier zur Anwendung gelangt, ist nichts anderes als die Doktrin der Postglossatoren bezw. die Fortbildung dieser Doktrin.

Nun gehören zwar die Entscheidungen der Rota erst dem 16. Jahrhundert an, aber, wie ich glaube, liegen in den mittelalterlichen Konsilien und einem Teil der Pandektenkommentare Zeugnisse des Entwickelungsganges vor, dessen Abschlufs die Entscheidungen der Rota zeigen, und die Ergebnisse der geistigen Arbeit der Postglossatoren sind nicht nur rein theoretische Bearbeitungen von Verkehrsthatbeständen, sondern vielmehr zur praktischen Anwendung bestimmt und praktisch angewendet worden.

In der vorliegenden Abhandlung ist nicht das ganze Wechselrecht der Postglossatoren dargestellt, sondern nur derjenige Teil, den man als „materielles Wechselrecht“ bezeichnen kann, nämlich (abgesehen von der Erörterung des „domizilierten Eigenwechsels“) die Lehre von der Entstehung und dem materiellen juristischen Inhalt der Verbindlichkeiten des Trassanten und des Acceptanten und der Rechte des Remittenten und Präsentanten.

Diese Lehren bilden, wie ich meine, nicht nur die Grundlage für alles Spätere, sondern machen auch das dem mittelalterlichen Wechsel als solchem eigentümliche Recht aus.

Zu einer vollständigen Darstellung des Rechts der mittelalterlichen Wechselurkunden gehört allerdings aufserdem noch die Betrachtung des Wechsels, insofern er Wertpapier, insbesondere Präsentationspapier ist; die sich hieran anschliefsende Erörterung der Fragen nach der Form und Art der Übertragung der Rechte aus dem Wechsel und endlich eine Darstellung der parata executio.

Die Behandlung aller dieser Fragen und die Darstellung der Modifikationen, welche die in dieser Abhandlung dargestellten Grundsätze durch das Eingreifen der vorerwähnten Momente erleiden, habe ich dem zweiten Teile vorbehalten, einmal weil sie zum Teil (z. B. die p. ex.) überhaupt nicht jedem Wechsel ohne weiteres zukommen und auch, wie schon gesagt, für das mittelalterliche Recht keine Fragen des Wechselrechts, sondern Fragen des allgemeinen Urkundenrechts sind, indem in Bezug auf sie für den Wechsel keine anderen Grundsätze gelten, als für andere Urkunden und sodann, weil bei ihrer Darstellung eine weiter ausholende Erörterung der Statutargesetzgebung unumgänglich ist.

Inhaltsverzeichnis.

Erster Abschnitt.

Das cambium und der „domizilierte Eigenwechsel".

I. Für das richtige Verständnis der Quellen des ältesten Wechselrechts ist es wichtig, die Bedeutung des Wortes cambium festzustellen und den generischen Unterschied zwischen dem Begriffe cambium und dem Begriffe „Wechsel" im Sinne der modernen deutschen Rechtssprache darzulegen.

Cambium ist dem Wortsinne nach dasselbe wie permutatio und wird im ganzen Mittelalter für Tausch von Objekten jeder Art gebraucht. Es bezeichnet also insbesondere auch den Austausch von Münzen verschiedener Art gegeneinander, den Geldwechsel. Dieser Geldwechsel, im Mittelalter wegen der Verschiedenartigkeit der Münzen und der Unzuverlässigkeit der Prägung ein ebenso wichtiges wie schwieriges und gewinnbringendes Gewerbe, bildet das ursprüngliche und stets bedeutsam bleibende Gewerbegeschäft der nach ihm campsores benannten Geldwechsler. Vom Geldwechsel aus ist die Bezeichnung cambium auch auf andere Geschäfte übergegangen, welche die campsores neben dem Geldwechsel zu betreiben pflegten. Zunächst mag die Bezeichnung wohl ausgedehnt sein auf Geschäfte, bei welchen wie bei dem Geldwechsel Münzen einer Art gegen Münzen anderer Art umgesetzt werden, wenn auch dieser Münztausch nicht den alleinigen Inhalt des Geschäfts bildete oder vielleicht gar ein unwesentlicher Nebenumstand war, wie z. B. bei Verträgen, durch welche sich der campsor verpflichtet, für eine Summe Geldes, die er an einem Orte empfängt, an einem anderen Orte, in der dort gangbaren anderen Münze, das Äquivalent auszuzahlen[1].

Von hier aus aber ist im italienischen Statutarrechte schon in der ersten Hälfte des 13. Jahrhunderts cambium der Name für alle Geschäfte geworden, welche ein campsor innerhalb seines Gewerbes betreibt; vgl. z. B. Statuta soc. campsorum von Bologna von 1245 (bei Gaudenzi, Statuti della società delle arti di Bologna) rubr. 62: Statuimus, quod omnia suprascripta statuta de rationibus reddendis (über die Kompetenz der Gildegerichte) ubi dicitur de facto cambii in eis, non solum intelligantur in simplici facto cambii i. e. de una moneta vel re cambianda pro altera, observari, sed de omni re et debito, ad quod et quam campsores se constituerint vel in libris suis scripserint debitores. (Von der Kompetenz der Gildegerichte ausgenommen sollen jedoch Verpflichtungen sein, welche Wechsler für oder gegenüber jemandem eingegangen sind, der nicht zur Gilde gehört.)

Diese Gewerbsgeschäfte der campsores sind die Geldhandelsgeschäfte (cf. Lastig, Zeitschr. für H. R. XXIII Seite 161 fg.) und cambium wird auf diesem Wege die Bezeichnung für Geldhandel im Gegensatz zum Warenhandel, der, als von den mercatores im eigentlichen Sinne betrieben, negotiatio oder mercantia zu heifsen pflegt. Diesen Sprachgebrauch beweisen Stellen wie Statuta varia civ. Plac., von Lastig mit circa 1200 datiert, Rub. 602 (Lastig l. c. S. 164) civis plac.... qui . . . fecerit cambium de prevexinis seu turonensibus vel de alia pecunia auri vel argenti et qualibet alia moneta cugnata, seu qui cambium fecerit . . . de auro vel argento . . . eod. Rub. 144 (Lastig S. 165) si quis . . . accipiat . . . aliquod breve, in quo aliquod de cambio vel negotiatione

[1] Diese Bedeutung des Wortes ist, wie die unten zu besprechende Erörterung des Rofredus beweist, schon im Jahre 1215 so allgemein verbreitet, dafs der Jurist die Behauptung, das cambium als Kreditgeschäft sei ein Innominatkontrakt, gar keiner eingehenden Begründung für bedürftig hält.

legatur. ... Rub. 488 (eod. S. 166) si aliquis dare debuerit ... cum carta vel sine carta occasione negotiationis vel cambii vel alia quacunque occasione. ... Rub. 513, si quis mercator debuerit aliquid ... per mercadandiam et cambium vel occasione mercadandie et cambii, vgl. auch für Parma die bekannte Stelle St. comm. I. A. II. p. 236 (von 1229). Mutuatores intelligantur, qui vendunt denarios vel monetas vel cambiant in contractibus scriptis u. a. m.

Diese Quellenstellen widerlegen die von Schaube (Conrads Jahrb. III. Folge Bd. 10 S. 529) in erster Linie aus dem von ihm an sich richtig dargestellten Sprachgebrauche des Giraudus Amalrici gezogene Folgerung, daſs bis zum Ende des 13. Jahrhunderts nur solche Kreditgeschäfte als cambium bezeichnet werden, bei welchen die Erfüllung des Vertrages in anderer Münze als der gezahlten oder versprochenen Valuta vereinbart ist.

Zu diesen Geschäften des Geldhandels gehört auch die Geldremittierung nach auswärts, die Einzahlung einer Summe an einem Orte, um das Äquivalent an einem anderen Orte wieder zu erhalten; eine Vertragsart, welche bekanntlich im Mittelalter in zwei Formen vorkommt, je nachdem derjenige, welcher es übernimmt, am Bestimmungsorte die Auszahlung zu leisten, die Gefahr der Remittierung trägt (cambium salvum in terra, jüngere Form), oder nicht trägt (cambium ad risicum maris et gentium, ältere Form). Dies Remittierungsgeschäft ist, besonders in seiner jüngeren Form, im ganzen späteren Mittelalter (mindestens seit der zweiten Hälfte des 13. Jahrhunderts) sowie auch im 16. und 17. Jahrhundert um deswillen von groſser Wichtigkeit, weil nicht nur die unsicheren und mangelhaften Transportverhältnisse und die Kostspieligkeit eines jeden Transportes mit besonderem Nachdruck dahin wirkten, Einrichtungen ins Leben zu rufen, welche den Bartransport von Geld ersparten, sondern auch weil der Verkehr sich der äuſseren Form der Geldremittierung zu bedienen pflegte, um das Verbot des Kapitalzinses zu umgehen. Da nämlich eine Vergütung für die Übernahme der Remittierung von Geld nach auswärts weder sich als Zins darstellt, noch überhaupt verboten war, so wurden Geldremittierungsgeschäfte eingegangen, welche in Wahrheit nicht eine Remittierung nach auswärts beabsichtigten, sondern den Zweck verfolgten, dem Geldhergeber unter dem Namen Provision, Remittierungskosten und Remittierungskurs, Verzugsinteresse u. a. m. Vergütung für Kreditgewährung zuzuwenden.

Der mittelalterlichen Wissenschaft des geistlichen und, soweit das Zinsverbot in die weltlichen Rechte übergegangen war, auch des weltlichen Rechts erwuchs aus diesen Verhältnissen die schwierige und praktisch höchst bedeutsame Aufgabe, die Erscheinungen des Verkehrs daraufhin zu prüfen, ob sie unter den Begriff der wirklichen Geldrimesse nach auswärts fielen, oder ob sie in Wahrheit auf Vergütung für Kapitalnutzung abzielten. Da für diese Untersuchungen der Begriff des wahren Geldremittierungsgeschäftes festgestellt und gegen andere äufserlich ähnliche Geschäfte abgegrenzt werden mufs, dies Geldremittierungsgeschäft aber cambium genannt wird, während für die anderen Geschäfte andere Bezeichnungen gebraucht werden, so bildete sich für diese Untersuchungen ein engerer Sprachgebrauch heraus, in dem cambium für die reine Geldrimesse gebraucht wird.

In allen, vorstehend besprochenen Bedeutungen ist der Begriff cambium generisch verschieden von dem Begriff „Wechsel" im Sinne der heutigen deutschen Rechtssprache. „Wechsel" ist heute die Bezeichnung einer Art von Urkunden, deren Ausstellung in gesetzlich vorgeschriebener Fassung bestimmte gesetzlich vorgeschriebene Rechtswirkungen formaler Natur zur Folge hat. Cambium in seinen verschiedenen Bedeutungen bezeichnet eine Gruppe unter sich sehr verschiedener, jedenfalls aber materiell charakterisierter Geschäfte, welche ein wenig präciser Sprachgebrauch, auf Grund juristisch nebensächlicher Merkmale mit gemeinsamem Namen benennt.

Wenn nun auch noch in der deutschen Rechtssprache des 16. und 17. Jahrhunderts das Wort „Wechsel" die technische Bezeichnung für cambium (vornehmlich im Sinne der

Geldrimesse) ist, so dürfte es sich doch, nachdem jetzt der Sprachgebrauch, wenigstens so weit es sich um juristische Erörterungen handelt, ein anderer geworden ist (Kaufleute und Nationalökonomen brauchen zwar auch heute noch das Wort „Wechsel“ für Geldrimessen nach auswärts, und reden von „Wechselkursen“ im Sinne von „Preis der Remittierung einer Geldsumme“ ohne Unterschied, ob diese Remittierung durch Wechselbriefe oder durch Checks oder vielleicht durch einfache Giroübertragung, erfolgt), nicht mehr empfehlen, das Wort „cambium“, wie die modernen Schriftsteller fast ausnahmslos thun, mit Wechsel zu übersetzen.

Die durch diesen Sprachgebrauch hervorgerufene Identifizierung beider Begriffe ist bei modernen Schriftstellern sehr gewöhnlich und hat eine Reihe erheblicher Mifsverständnisse hervorgerufen. So wird allgemein behauptet, die Kanonisten hätten die Erlaubtheit des Wechsels vielfach beanstandet und die Gesetzgebung hätte Platzwechsel (trockene Wechsel, cambia sicca) ja sogar Eigenwechsel verboten, während in Wahrheit Schriftsteller und Gesetzgebung sich nur mit der Geldrimesse beschäftigen und die gebilligten und erlaubten Geschäfte von den oben charakterisierten unerlaubten und gemifsbilligten Geschäften zu sondern unternehmen, welche, unter Anwendung der äufseren Geschäftsform des Geldremittierungsvertrages, in Wahrheit eine Kapitalsnutzung und Vergütung für dieselbe herbeiführen wollen. Das Verbot oder die Mifsbilligung der „Platzwechsel“ etc. betrifft (sofern nicht die angeblich ein solches Verbot enthaltenden Quellen den Satz aussprechen, dafs eine Geldremittierung nach auswärts mit Begriffsnotwendigkeit eine Ortsdifferenz voraussetzt und daher das Vorhandensein eines cambium im obigen Sinne verneinen, wo diese Ortsdifferenz nicht vorhanden ist) nicht Wechsel im heutigen Sinne d. h. Urkunden, sondern Verträge, nämlich solche Verträge, in denen eine Vergütung ultra sortem zugebilligt wird für eine vorgebliche Remittierung, die in Wahrheit gar nicht stattfindet.

Ein anderer Irrtum, den die Identifizierung von cambium

und Wechsel zur Folge hat, ist die Behauptung, die in den Quellen gegebenen juristischen Konstruktionen des cambium seien juristische Konstruktionen des Wechsels. Statt aller möge hier auf die neueste Darstellung der Geschichte des Wechselrechts, bei Grünhut, hingewiesen werden, wo (§ 26) ausgeführt wird, ursprünglich („Jahrhunderte lang") habe man den Wechselkontrakt als ein mutuum, depositum, locatio conductio etc. angesehen, und es sei „ein grofser Fortschritt in der wissenschaftlichen Behandlung des Wechselrechtes", als sich die Anschauung Bahn gebrochen habe, der „Wechsel sei ein eigentümlicher Literalvertrag". Mit solchen Ausführungen werden Erörterungen, die vom cambium, dem Geldremittierungsvertrage, handeln, einfach auf denselben Gegenstand bezogen, wie Erörterungen, die sich auf das instrumentum, bezw. die litera cambii, den Wechsel im heutigen Sinne, beziehen.

In Wahrheit ist die „Literalvertragstheorie" nicht an die Stelle der älteren Theorien getreten, sondern neben sie und beide neben einander ergeben erst ein vollständiges Bild des aus dem beurkundeten cambium entstehenden Rechtsverhältnisses. „Wechselrecht" aber ist in diesem Rechtsverhältnis nur das Urkundenrecht, nicht das Recht des cambium. Das Geldremittierungsgeschäft ist seiner Natur nach ein Kreditvertrag wie jeder andere und kann in derselben Weise wie jeder Kreditvertrag formlos zustande kommen; wird ein cambium schriftlich geschlossen, so hat die Beurkundung keinerlei andere juristische Funktion, und zwischen der Urkunde und dem cambium besteht kein anderes Verhältnis als im Falle der Beurkundung eines anderen Kreditvertrages, etwa eines Darlehns, oder eines Kreditkaufs.

II. In den mittelalterlichen Notariatsurkunden des 12., 13. und der folgenden Jahrhunderte ist zur Beurkundung der Verpflichtung des Leistungsempfängers aus einem Kreditgeschäfte eine besondere Urkundenform ausgebildet. Die Urkunde hat die Form einer Erklärung des Schuldners (Leistungsempfängers); sie zerfällt in das Empfangsbekenntnis, das Schuldanerkenntnis, meistens eingeleitet durch die Worte confiteor, oder confiteor et recognosco und das Zahlungs- bezw. Erfüllungsversprechen, meistens eingeleitet durch promitto. An das Zahlungsversprechen schliefst sich alsdann das ausdrückliche Versprechen des Schuldners, für den Fall der Nichterfüllung oder nicht rechtzeitigen Erfüllung den Schaden zu ersetzen, der dem Gläubiger aus dem Erfüllungsverzuge entstehen würde. Dieser Schaden wird oft, besonders bei Geldzahlungsversprechen, von vornherein auf einen bestimmten Zinsfufs festgesetzt. Das Schuldanerkenntnis ist entweder (und dies ist der weitaus seltenere Fall) ein abstraktes Anerkenntnis, confessio informiter facta in der Terminologie der Postglossatoren, oder es enthält (und dies ist der weitaus regelmäfsige Fall) die Angabe des Rechtsgeschäftes, aus welchem die Schuld herrührt, die causa debendi (confessio formiter facta in der Terminologie der Postglossatoren).

Diese causa debendi kann natürlich in sehr verschiedener Ausführlichkeit zum Ausdruck gebracht werden; neben der einfachen juristischen oder im Verkehr hergebrachten Benennung des Geschäfts (ex causa mutui, depositi etc.) findet sich auch die Beschreibung des wesentlichen Inhalts der Parteiberedungen, ohne dafs der Name des Geschäfts genannt wird; es finden sich auch unvollständige, den Inhalt des Geschäfts nur flüchtig andeutende Darstellungen des Schuldgrundes, wie z. B. die bei Johannes Scriba häufige Phrase „confiteor me recepisse tot de tuis rebus, de quibus debeo tibi etc.“, welche, wie mit Schaube, Jahrb. für Nationalök. III. Bd. 10 S. 523, anzunehmen, ein Kaufgeschäft als Schuldgrund bezeichnen soll.

Der Stammbaum dieser Urkunden läfst sich durch die früheren Jahrhunderte des Mittelalters bis in das Altertum zurückverfolgen[1]. Sie sind nichts anderes als die antiken Stipulationsurkunden, von welchen u. a. in der l. 40 Dig. de reb.

[1] Man vergleiche z. B. mit den unten besprochenen Urkunden des Johannes Scriba und Giraudus Amalrici die cautiones in den Form. Andecav. Nr. 38 und 66, Form. Marculfi II, Nr. 25—27, Form. Turon. Nr. 13.

cred. XII, 1 ein Beispiel vorliegt. Diese Herkunft der Urkundenform verrät sich besonders in der häufigen Anwendung des Ausdruckes stipulatio und in dem ganz regelmäfsigen Vorkommen der sog. Ricorsaklausel, dem ausdrücklichen Versprechen des Schuldners, für den Fall des Erfüllungsverzuges einen in der Urkunde näher bestimmten Schadenersatz zu leisten. Solche ausdrückliche Ausbedingung des Schadenersatzes ist bekanntlich nach antikem Recht notwendig, weil das Zahlungsversprechen, eine stipulatio certi, nur eine Klage, auf das certum hervorbringt, und zur Geltendmachung des Anspruches wegen Ersatz des Verzugsschadens auf Grund der Urkunde eine neue stipulatio, u. zw. eine stipulatio incerti, erforderlich ist. Gerade die im antiken Verkehr in diesem Falle gebräuchliche stipulatio duplae findet sich in den mittelalterlichen Urkunden oft.

III. Die von den modernen Schriftstellern als „domizilierte Eigenwechsel“ bezeichneten und für die älteste Form des Wechsels erklärten Urkunden sind nichts anderes, als die vorstehend charakterisierte Urkundenform, angewendet auf den materiellen Schuldgrund des cambium (im Sinne von Geldrimesse nach auswärts). Das cambium ist in ihnen nicht mehr und nicht weniger als die causa debendi, wie in anderen Urkunden desselben Typus das Darlehn oder der Kauf die causa debendi ist.

Eine Vergleichung der domizilierten Eigenwechsel in den Sammlungen von Urkunden einzelner Notare mit Urkunden desselben Notars über andere Rechtsgeschäfte wird diese Behauptung beweisen.

Die ältesten domizilierten Eigenwechsel findet Goldschmidt bei Johannes Scriba[1]. Eine nur die typischen

[1] Die Ausführungen von Schaube, Jahrb. f. Nationalök. III. 10 S. 522 fg., haben es übrigens sehr wahrscheinlich gemacht, dafs die von Goldschmidt als „Eigenwechsel“ in Anspruch genommenen Urkunden, bis auf vielleicht eine einzige Ausnahme, Geldremittierungsgeschäfte der älteren Art, sog. „Seedarlehn“, betreffen, bei welchen der auch sonst recht flüchtig urkundende Notar die Gefahrsklausel einfach

Bestandteile dieser Eigenwechsel enthaltende Urkunde (Urkunden mit gar zu individuellem Inhalt eignen sich natürlich nicht zur Vergleichung)

lautet z. B.:	Eine Urkunde über einen Kreditkauf lautet:	Eine andere lautet:
Nr. 342 (Goldschmidt S. 420). Ego ... confiteor, quod accepi a te ... lb. XV d jan., de quibus promitto dare filio vestro vel misso vestro apud alexandriam bisantios $2^3/_4$ per libram ...	Nr. 251. Ego ... confiteor, accepisse tantum de tuis rebus, unde tibi vel tuo certo misso per me vel meum missum lb. 13 et sol. unum usque ad proximas kal. aug. solvere promitto. ...	Nr. 537. Ego accepi a vobis ... piperis centenarios 4, pro quo promitto dare vobis vel vestro misso per me vel meum missum lb. 15 den. usque octavam proximam pasche. ...

Bei Giraudus Amalrici lautet:

der domizilierte Eigenwechsel:	die Urkunde über einen Kreditbrief:	die Urkunde über ein Darlehn:
II Nr. 92. Ego ... confiteor et recognosco vobis ... me habuisse et recepisse ex causa permutationis seu cambii a vobis 433 l. 13 s. 4 d. pisanorum, renuncians etc. pro quibus 433 l. 13 s. 4 d. dictae monetae promitto vobis per stipulationem vobis dare et solvere vel cui mandaveritis 20 l. provinensium in nundinis de Bari proxime venturis infra rectum pagamentum etc.	II 362. Nos ... confitemur et recognoscimus vobis ... nos emisse habuisse et recepisse a vobis 143 lb. safrani renuncians etc., pro cuius precio debemus vobis 100 l. et 2 s. turonensium, quas 100 l. et 2 s. promittimus vobis per stipulationem vobis dare et solvere in festo Scti Joh. Bapt. proxime venturo vel alteri vestrum vel cui mandaveritis. ...	II 563. Ego ... confiteor et recognosci tibi ... me habuisse et recepisse causa mutui gratis et amoris a te 11 l. et 10 s. renuncians etc. quas 11 l. et 10 s. promitto tibi per stipulationem dare et solvere apud Montempesulanum, quandocunque tibi placuerit vel tuo certo nuntio vel cui mandaveris. ...

---

weggelassen hat, und daher gar keine „Eigenwechsel" im Sinne der herrschenden Terminologie sind.

Überall in diesen Urkunden stimmen die typischen Formalien überein, was abweicht, ist nur die materielle Charakterisierung des Geschäftes, welches dem Schuldbekenntnis und Erfüllungsversprechen zu Grunde liegt.

Dieses aus den Urkunden gewonnene Resultat wird durch die Erörterungen der Juristen über solche instrumenta ex causa cambii völlig bestätigt.

Die älteste Besprechung einer dieser Urkunden, in welcher zugleich ein instrumentum cambii mitgeteilt wird, in welchem früher als in allen bis jetzt bekannten instrumentis das Wort cambium für ein Kreditgeschäft gebraucht wird, bei dem Münzen verschiedener Art gegen einander umgesetzt werden, steht bei Roffredus Quaestiones Sabbathianae Nr. 31, und stammt aus dem Jahre 1215[1]. Der Eingang lautet:

Lecta est in auditorio Roffredi iuris civilis scientiae professoris in civitate Arettii cautio haec: „Ego Lucius Titius confiteor, me recepisse a te Publio Maevio viginti tres Libras Senensium pro 24 libris Pisanorum nomine cambii. quas 24 lb. Pisanorum promitto, me proximis futuris calendis reddere renuntiando exceptioni pecuniae non numeratae et non soluti pretii, ita spopondi ego Lucius Titus et ita stipulatus est Publius Maevius“.

Der Jurist setzt an dieser Urkunde die Wirkung der exceptio non numeratae pecuniae auseinander, in Form einer Disputation zwischen dem Gläubiger und dem Schuldner mit nachfolgender Entscheidung. Der dem Schuldschein zu Grunde liegende Sachverhalt ergiebt sich aus dem Parteivorbringen.

Zwei Klaggründe macht der Gläubiger geltend, nämlich eine Klage aus dem der Urkunde zu Grunde liegenden Verhältnis und eine Klage aus der Urkunde selber. Die Klage aus dem zu Grunde liegenden Verhältnis ist die actio praescriptis verbis aus dem cambium „fuit enim iste contractus cambii contractus innominatus sc. do ut des“.

---

[1] Roffredus versichert in der Einleitung zu den Quästionen, daſs er nur praktische Fälle zur Besprechung bringe.

Die Klage aus der Urkunde ist die condictio certi ex stipulatu „cautio ista enim est discretissima, quia causam continet, unde obligationem inducit“ u. zw. nicht etwa erst nach zwei Jahren, nach welcher Zeit die exc. non. numeratae pec. jedenfalls nicht mehr durchschlagen würde, sondern auch jetzt schon, da es sich nicht um ein Darlehn, sondern um einen Innominatkontrakt handle, und die ex. n. n. p. nur der Darlehnsklage, bezw. Stipulation auf Grund des Darlehns gegenüber zulässig sei.

Beklagter ficht die condictio ex stipulatu an mit der condictio sine causa und exceptio doli; die Stipulationsurkunde ermangle des Schuldgrundes (und eine cautio indiscreta sei ungültig), die confessio allein sei kein genügender Schuldgrund und ein anderer sei nicht vorhanden, da die Urkunde „quia expectabam te numeraturum“ ausgestellt, Zahlung aber nicht erfolgt sei. Die actio praescriptis verbis sei gleichfalls unbegründet, da ein gültiger Vertrag wegen fehlender res nicht vorliege „licet enim sit contractus innominatus sc. do ut des contractus cambii, verum est, si res intervenerit“. Diese Einreden seien als actio doli vel in factum nicht nur während der zwei Jahre, sondern auch später noch geltend zu machen. Der Doluseinrede gegenüber könne sich der Kläger auch nicht auf den Verzicht, auf die exc. non num. pec., berufen. Im Dolus sei aber der Gläubiger, weil der contractus cambii geschlossen sei in fraudem mutui, nämlich um das Sc. Maced. zu umgehen, da der Aussteller der Urkunde Haussohn sei. „Campsores enim nostri temporis, ne contrahant mutuum, propter repetitionem usurarum faciunt contractus istos in fraudem, unde non valent.“

Die Entscheidung lautet dahin, dafs es zunächst darauf ankommt, ob vor oder nach Ablauf der zwei Jahre geklagt sei. Vor Ablauf der zwei Jahre schlage die exc. n. n. p. durch, nachher komme es darauf an, ob die condictio ex mutuo angestellt sei; dieser gegenüber sei die exc. n. n. p. ausgeschlossen, werde dagegen die certi cond. quae oritur ex stipulatione angestellt, so schlage die exc. doli durch, welche perpetua sei, und ihr gegenüber könne der Verzicht, welcher eben dolos herbeigeführt sei, nicht geltend gemacht werden, ebenso wenn die actio praescriptis verbis angestellt sei. Im vorliegenden Falle nämlich sei, da ein Haussohn den Vertrag geschlossen habe, anzunehmen, dafs eine Umgehung des Sc. Mac. vorliege.

Übereinstimmung besteht also zwischen den Ausführungen des Gläubigers, des Schuldners und der Entscheidung darüber, dafs die Urkunde (nach moderner Terminologie[1] ein Beispiel der bei Giraudus Amalrici nicht seltenen „Platzwechsel") eine römisch-rechtliche Stipulationsurkunde ist, u. zw. eine cautio discreta, aus welcher die reine antike actio ex stipulatu angestellt wird, und dafs das cambium, ein Innominatkontrakt nach dem Schema do ut des, der Schuldgrund, die causa der Stipulation ist.

Natürlich mufs Roffredus, der nur die Anwendung des reinen römischen Rechts vorführen will, bei seiner Erörterung diejenigen Komplikationen aufser Acht lassen, welche dadurch entstehen, dafs das Statutarrecht sowohl die exc. n. n. p. selber als auch den Verzicht auf sie (um den nachteiligen Folgen eines derartigen formularmäfsigen Verzichtes vorzubeugen) vielfach zeitlich wie sachlich einschränkt[2] und dadurch, dafs Notariatsurkunden dieses Typus vielfach paratam executionem haben, sei es generell, sei es, wenn sie die Verbindlichkeit zum praeceptum recipere enthalten.

Die Stilisierung des Eingangs der Stelle, eine Nachahmung der l. lecta D. de reb. cred., welche in der That ein

[1] Sofern nicht anzunehmen ist, dafs die Ortsdifferenz, weil für die Streitpunkte unwesentlich, einfach unterdrückt ist.

[2] cf. das als Illustrierung des praktischen Rechtszustandes gegenüber einem Urkundungsstil, wie ihn Giraudus Amalrici zeigt, interessante Statut von Marseille II 16 de fide instr.: „Praeterea licet in instrumento renunciatum fuerit exceptioni non num. pec. vel non habitae seu receptae, si tamen reus perseveret negans ea, quae continentur in instrumento, fuisse sibi tradita in solidum vel in partem . . . non obstante renunciatione a se facta audiatur reus", doch soll er zunächst den Kalumnieneid leisten und ferner seine Einreden innerhalb drei Monaten bewiesen haben.

Muster des antiken Vorbildes dieser Stipulationsurkunden enthält, zeigt, dafs Roffredus sich des historischen Zusammenhanges der instrumenta seiner Zeit mit den antiken sehr wohl bewufst ist, und die Stipulationsurkunden seiner Zeit principiell nach römischem Rechte behandelt wissen will.

Völlig übereinstimmend hiermit zeigen die in den Notariatsakten erhaltenen Urkundenkopien mit dem weiteren Eindringen des römischen Rechts in den Verkehr ein immer steigendes Bestreben, die Form der antiken Stipulation korrekt wiederzugeben, und es ist nicht daran zu zweifeln, dafs wenigstens die italienischen und südfranzösischen Notare seit der Mitte des 12. Jahrhunderts in diesen Urkunden römische Stipulationsurkunden zu vollziehen glaubten, und vorausgesetzt haben, dafs in der Praxis principiell, d. h. soweit nicht specielle statutarische Vorschriften oder Gebräuche vorgehen, auf sie das Recht der römischen cautio discreta angewendet werden würde. Deshalb wird auch an den materiellen Erfordernissen der Stipulation, insbesondere an der Forderung der Anwesenheit der Parteien, welche für die Gültigkeit der Stipulation erforderlich ist, streng festgehalten (cf. z. B. die Erörterung des Odofredus zur l. si absentis C. de reb. cred.) und die Einreden, auf welche verzichtet wird, sind specielle Einreden des römischen Rechts.

Übereinstimmend mit dem Grundgedanken des Roffredus ist auch die Darstellung des Verhältnisses zwischen cambium und instrumentum ex causa cambii bei Rolandinus (um 1250).

Rolandinus bespricht zunächst die Urkunden aus zweiseitigen Geschäften, in welchen die Kontrahenten gemeinsam einander die übernommenen Verpflichtungen bekunden und zu erfüllen versprechen, und leitet dann die Darstellung derjenigen Urkunden, zu welchen auch der „domizilierte Eigenwechsel“ gehört, mit der Betrachtung ein: Licet ex mutuo commodato deposito et de his quae mercandi seu negotiandi causa aut ex pretio, quod deberetur ad tempus, multi praecedant contractus varii et diversi, quia tamen sub uno et communi nomine crediti videlicet vel debiti concludantur, ideo de omnibus his ex ordine de quolibet in hoc tertio capitulo est videndum. Er behandelt hier also die Beurkundung einseitiger Verbindlichkeiten aus materiell charakterisierten Kreditgeschäften; die Urkundenform ist typisch und die Variationen des Inhalts werden nur durch die Verschiedenheit der causa bedingt, wie eine Vergleichung des „Eigenwechsels“ mit der Urkunde ex causa venditi, ex causa mutui und ex causa dotis sofort zeigt. Der „Wechsel“ des Rolandinus enthält übrigens keine einfache Geldremittierung, sondern die Aussteller haben eine Darlehns- und, soweit die ziemlich unklare Stilisierung erkennen läfst, auch eine Kaufschuld kontrahiert, und remittieren dieselbe zahlungshalber nach Hause; es liegt also eine Schuld ex causa cambii et mutui, bezw. cambii et pretii, vor.

Das Formular einer Klagschrift auf Grund eines solchen in eine Stipulation übergeführten cambium teilt mit und bespricht Johannes de Blanasco (schrieb 1256), unter dem Titel de arbitraria loci. Seine Darstellung ist einfach eine Anwendung römischrechtlicher Grundsätze, und nur deshalb interessant, weil man aus dieser auf unmittelbare praktische Verwertung berechneten Ausführung ersieht, wie sich ein Prozefs aus dem „Urwechsel“ im 13. Jahrhundert gestaltete.

IV. Wenn durch vorstehende Ausführungen als dargethan angesehen werden darf, dafs der „Eigenwechsel“ oder „domizilierte Eigenwechsel“ nichts ist, als die Beurkundung eines materiell charakterisierten Kreditgeschäftes in der für Beurkundung aller derartigen Kreditgeschäfte üblichen und für alle solche Beurkundungen schon im Altertum ausgebildeten und aus dem Altertum in ununterbrochener Geltung überlieferten Form, so ergiebt sich die Unrichtigkeit verschiedener Behauptungen moderner Schriftsteller.

1. Hierher gehören besonders die Erörterungen von Goldschmidt (S. 429) über die juristische Natur des Eigenwechsels, welchen eine ganz unklare und widerspruchsvolle Vorstellung von dem Sinne des Wortes cambium zu Grunde liegt. Cambium scheint nach ihm eine Art Mittel-

ding zwischen dem materiellen Schuldgrunde und einem Erfordernis der Urkunde zur Herstellung formaler Urkundenwirkungen zu sein, ohne dafs er jedoch den einen oder den anderen dieser Begriffe klar entwickelt oder beide von einander geschieden hätte. Zunächst wird die „Wechselklausel 'ex causa cambii'“ in einen Gegensatz zum Ausstellungsgrund etc. der Urkunde gestellt und behauptet, dafs die Klausel „ohne Unterschied des Austellungsgrundes“ sich findet. Dann wird ein Anlauf genommen, diese Klausel mit der Stipulationsklausel zu vergleichen. „Wie in der römischen Stipulationsurkunde (cautio) durch die Stipulationsklausel, so werden alle verschiedenen möglichen Ausstellungsgründe durch die dispositive Wechselurkunde absorbiert.“ Statt dafs nun aber der Gedankengang dahin festgehalten würde, dafs der Stipulations k l a u s e l die „Wechselklausel“ koordiniert würde, tritt plötzlich an die Stelle der Wechselklausel, als das der Stipulationsklausel entsprechende Moment die „dispositive Wechsel u r k u n d e“ und die in dieser Urkunde enthaltene Wechselklausel wird zu einem „schriftlichen Geldzuweisungsversprechen“. „Die verschriebene Schuld beruht auf dem schriftlichen Geldzuweisungsversprechen, welches als 'Geldwechsel' gedacht und so benannt wird.“ Glaubt man nun als den Sinn dieser Ausführung feststellen zu dürfen, das schriftliche Geldzuweisungsversprechen (d. h. Remittierungsversprechen), also ein materielles Rechtsverhältnis, sei dasjenige, worauf „die verschriebene Schuld beruhe“, also der materielle Schuldgrund (causa), welcher der Urkundenausstellung zu Grunde liegt, so wird man durch die Anmerkung wieder dahin belehrt, dafs „die Wechselurkunden (wie Note 102 gezeigt ist) . . . sehr häufig die causa bezeichnen und doch 'Wechsel' sind; es wird nomine cambii geschuldet.“ Danach mufs man wieder annehmen, dafs die causa (Schuldgrund) und die „Wechselklausel“ Gegensätze seien; was dann aber eigentlich der Sinn von „nomine cambii, ex causa cambii“ sei, hat man schliefslich überhaupt nicht erfahren.

In Wahrheit ist die Funktion der Klausel ex causa cambii

völlig klar und einfach. Sie findet sich nicht „ohne Unterschied des Ausstellungsgrundes“ und absorbiert nicht den Ausstellungsgrund, sondern sie ist der Ausstellungsgrund selber, oder doch, wie im Formular des Rolandinus, ein Bestandteil des Geschäftes, welches den Ausstellungsgrund bildet. Allerdings kann man sagen, dafs durch das instrumentum wie durch die römische Stipulationsurkunde alle Ausstellungsgründe „absorbiert“ werden, mit welchem bildlichen Ausdruck wohl gemeint ist, dafs die aus der beurkundeten Stipulation entstehende Verpflichtung bei allen Ausstellungsgründen dieselbe ist (nämlich condictio certi, oder actio ex stipulatu) und deshalb wohl gegenüber der Verpflichtung aus dem, der Stipulation zu Grunde liegenden, materiellen Rechtsgeschäft als formale Verpflichtung bezeichnet werden kann. Aber diese Rechtswirkung ist nicht eine Folge des Vorkommens des cambium (im Gegenteil gerade ein Defekt in der causa cambii könnte denkbarerweise die formale Rechtswirkung der in der Urkunde enthaltenen Stipulation beeinflussen), sondern lediglich eine Folge der (Stipulations-) Form der Urkunde und ist dem „Eigenwechsel“ gemeinsam mit jeder anderen Urkunde dieses Typus, insbesondere mit Urkunden ex causa depositi, mutui etc.

Es bedarf wohl keines Hinweises darauf, dafs dies Sachverhältnis in den für unsere Betrachtung entscheidenden Punkten dadurch nicht geändert wird, dafs etwa die causa cambii an Stelle eines anderen materiellen Schuldgrundes fingiert wird, dafs z. B. zwecks Umgehung des Wucherverbotes statt eines zinsbaren Darlehns ein cambium in der Urkunde als Schuldgrund angegeben wird. Statt eines cambium könnte ja auch ein Kauf u. s. w. als Schuldgrund genannt werden. In diesem Sinne sagt Baldus cons. V. 142 dafs, weil „omnis causa de mundo possit deduci per stipulationem in quamcumque aliam causam,“ ein Bürge, der für die Schulden eines campsor, aus dem Betriebe der ars cambii, gutgesagt hatte, nicht in Anspruch genommen werden könne für eine Schuld, die der campsor occasione pannorum piperis et ferri kontrahiert hatte, obwohl diese Schulden ex quacunque alia causa . . . in figuram cambii deduziert worden waren. Danach ist das deducere in figuram cambii die Angabe eines anderen Schuldgrundes statt des wahren, nicht etwa die Umwandlung einer materiellen Schuld in eine formale Obligation.

Diejenigen Urkunden, in welchen Goldschmidt eine, von der Klausel ex causa cambii unterschiedene, Angabe des Erwerbsgrundes findet (l. c. Note 102), enthalten fast alle eine Darstellung der causa debendi, bei welcher der technische Ausdruck für das Geschäft nicht gebraucht, das Geschäft vielmehr durch eine kurze Beschreibung des Inhalts der Parteiberedungen wiedergegeben wird. Es sind Urkunden über Darlehn, kreditierte Kommenda-, Societäts-, Kaufpreis-, Fracht- etc. Forderungen, welche Forderungen der Verpflichtete nicht am Ausstellungsort sondern auswärts zu zahlen übernimmt.

Nun kann man hier den Thatbestand des Schuldgrundes allerdings zerlegen in ein Darlehn etc. und ein Geldremittierungsgeschäft, wenn man nur auf den objektiven Teil dieses Thatbestandes (die Ortsdifferenz) sieht und diese Frage nicht prüft, ob die Absicht der Parteien gerade dahin ging, ein Geldremittierungsgeschäft auszuführen, oder ob nicht vielmehr die Ortsdifferenz lediglich ein principaliter gar nicht intendiertes Accidentale des Geschäfts ist, und die Zerlegung liegt, wie oben S. 14 ausgeführt, der Stilisierung des „Scholarenwechsels" bei Rolandinus in der That zu Grunde; aber damit wird nicht etwa das cambium zu einem vom Schuldgrund getrennten Bestandteil der Urkunde, sondern es bildet einen Teil des Thatbestandes dieses materiellen Schuldgrundes. Die aufserdem noch von Goldschmidt angeführte Urkunde bei Blancard II 414 beurkundet ein einfaches Gelddepositum, welches der Empfänger sich eventuell in anderer Münze zurückzuzahlen verpflichtet. Dieser eventuelle Münzentausch, also gleichfalls ein Bestandteil des materiellen Schuldgrundes, wird cambium genannt.

Durch seine irrige Meinung über die Bedeutung des

Wortes cambium ist Goldschmidt ferner noch veranlafst worden, zur Stütze für seine Theorie vom Ursprung der Tratte Quellenbelege heranzuziehen, in welchen angeblich cambium geradezu „Eigenwechsel" bedeuten soll. Obwohl nun bei der unpräcisen und unbeholfenen Redaktion mancher mittelalterlichen Statuten und Urkunden es keineswegs auffällig wäre, wenn gelegentlich einmal cambium im Sinne von „Wechsel" oder „Eigenwechsel" oder überhaupt für eine Art von Urkunden gebraucht würde, so sind mir doch solche Stellen in dem von mir benutzten Quellenmaterial bis zur Mitte des 17. Jahrhunderts gar nicht bekannt geworden. Eine Ausnahme würde allerdings Pegolotti machen, wenn die aus Endemann übernommene Behauptung Goldschmidts richtig wäre, dafs Pegolotti cambio definiere als mandare a pagare o a ricevere. In Wahrheit aber sagt Pegolotti „ogni cambio, que si facesse in Firenze per Pisa" und fügt hinzu cioè di mandare a pagare o a ricevere (sc. in Pisa). Er meint weiter nichts, als was er an vielen anderen Stellen, z. B. in der Überschrift des Kapitels, dem vorstehender Satz entnommen ist, dahin ausdrückt „Cambiora (= cambii), che si mandano a pagare o a ricevere per lettera di pagamento", d. h. Geldrimessen, zu deren Zahlung oder Empfangnahme durch Zahlungsbrief Auftrag erteilt wird. Die hier streitige Stelle weicht nur dadurch ab, dafs der Ausdruck che si manda ersetzt wird durch che si fa di mandare und lautet in Übersetzung „Geldrimessen, die von Florenz nach Pisa geschlossen werden, d. h. zu deren Zahlung oder Empfangnahme (sc. in Pisa) Auftrag gegeben wird". Endlich könnte noch Zweifel erregen eine von Martens Anh. S. 22 mitgeteilte venetianische Verordnung von 1594, in welcher erklärt wird, dafs eine frühere Verordnung, nach welcher lettere di cambio durch Bankzuschreibung bezahlt werden sollten, auch Anwendung zu finden habe auf cambii „che non solo tutte le lettere di cambio ma tutti li cambii ancora, come cose, che sono di una medesima natura, si habbiano a pagar per partita di banco". Allein die hier behauptete Wesensgleichheit des cambio und der lettera di cambio besteht darin, dafs die Honorierung einer lettera di cambio ebensogut Erfüllung eines Geldremittierungsvertrages ist, wie die Bezahlung eines cambium, über welches keine lettera di cambio ausgestellt ist; der Schlufs, dafs cambio und lettera di cambio beide Urkunden seien, ist nicht gerechtfertigt. Dafs in den übrigen, von Goldschmidt beigebrachten Belegstellen, insbesondere den auf S. 445 enthaltenen (über die Erörterung des Durantis wird unten ausführlich zu reden sein) cambium nicht Eigenwechsel sondern Geldrimesse bedeutet, bedarf nur eines Hinweises, um sofort erkannt zu werden.

2. Es ist ebenso unrichtig, zu behaupten, „der ursprüngliche Wechselbrief hat seine eigentümliche Form d. h. seine typischen Bestandteile dem von altersher schriftlich beurkundeten Seedarlehn entlehnt“ (Goldschmidt S. 412), wie es unrichtig ist, diese Behauptung zu bestreiten und zu behaupten, „die Ähnlichkeit zwischen der Form des in der Gestalt des domizilierten Eigenwechsels auftretenden ‘Wechselbriefes’ und der des Seedarlehns ... erklärt sich in einfachster Weise daraus, dafs beide, Seedarlehn und ursprünglicher Wechsel, ‘Darlehn’ sind, und sich demgemäfs beide des für dasselbe üblichen Gewandes bedienen“ (Schaube, Jahrb. S. 534). Berechtigt ist allerdings die Behauptung Goldschmidts, das Geschäft, welches er Seedarlehn nennt, sei älter als das cambium salvum in terra, während Schaube m. E. aus der von ihm allerdings festgestellten Thatsache, dafs bei Giraudus Amalrici den sog. Eigenwechseln fast überall Darlehnsgeschäfte zu Grunde liegen, und das cambium als Schuldgrund nur fingiert ist, mit Unrecht den Schlufs zieht, dafs der wirtschaftliche Zweck des späteren cambium salvum in terra, bei welchem der Remittierende Provision zu zahlen hat, früher erfüllt worden sei durch ein Geschäft, bei dem der Remittierende für das zur Remittierung hingegebene Geld Vergütung erhielt[1]; aber die Darlegungen

[1] Die oben S. 11 angeführte Bemerkung des Roffredus, campsores ... nostri temporis, ne contrahant mutuum, propter repetitionem

beider Schriftsteller erklären nur die Entstehung des cambium, nicht die Entstehung des Eigenwechsels und die, das cambium s. i. t. beurkundenden Notariatsurkunden sind, wie oben nachgewiesen, weder den Notariatsurkunden über das Darlehn, noch denen über das Seedarlehn nachgebildet, sondern sind nur Anwendungen eines Urkundentypus, welcher von vornherein zur Beurkundung eines jeden Kreditgeschäftes bestimmt war und verwandt wurde. Hieraus folgt auch, dafs eine weitere Forschung nach dem Ursprung des cambium, d. h. nach dem ersten Auftreten dieses Namens und nach der Natur der so bezeichneten Geschäfte zwar, wie die Abhandlung Schaubes zeigt, wirtschaftsgeschichtlich sehr interessante Thatsachen zu Tage fördern kann, für die Geschichte des Wechselrechts aber keine Ausbeute verspricht. Aus diesem Grunde durfte auch im ersten Teile dieses Abschnittes ein näheres Eingehen auf diese Fragen unterlassen werden. Für das Wechselrecht ist das cambium nicht als Vertragstypus an sich, sondern nur insoweit interessant, als es beurkundet wird, und mit der Erkenntnis, dafs seine ältesten mittelalterlichen Beurkundungen nicht einen individuellen Typus oder Übertragung eines für ein specielles Rechtsgeschäft konstruierten Typus darstellen, sondern nur Anwendungen einer seit dem Altertum für alle Kreditgeschäfte gebräuchlichen Urkundenart sind, verliert die Frage, wann zuerst ein cambium genanntes oder ein dem später cambium genannten wesensgleiches materielles Rechtsgeschäft in dieser Urkundenart beurkundet ist, für das Wechselrecht jede Bedeutung.

---

usurarum faciunt contractus istos (nämlich die cambia) in fraudem beweist, dafs schon im Jahre 1215 der Begriff cambium im Sinne von Geldremittierungs- oder doch Kreditgeschäft mit Münzdifferenz soweit feststand, dafs die Vorspiegelung eines cambium als Schuldgrund in Darlehnsurkunden als eine Fiktion erkannt wurde. Damit entfällt m. E. die Möglichkeit, aus Urkunden vom Jahre 1248 abweichende entwickelungsgeschichtliche Schlüsse zu ziehen. Auch dürfte es klar sein, dafs, ehe sich das Darlehn mit Münzdifferenz als cambium bezeichnen konnte, der Begriff cambium für Geschäfte äufserlich gleichen Thatbestandes bereits feststehen mufste.

3. Die Bezeichnung der instrumenta ex causa cambii als „Eigenwechsel" oder gar „domizilierte Eigenwechsel" ist ganz unzutreffend und nur geeignet, über ihre wirkliche juristische Natur falsche Vorstellungen zu erregen. Was zunächst das Adjectiv „domiziliert" angeht, so ist zu bemerken, dafs die „domizilierten Eigenwechsel" nichts weiter enthalten als die ausdrückliche Bestimmung eines vom Orte der Ausstellung verschiedenen Erfüllungsortes; irgend eine weitere Besonderheit, welche es rechtfertigen könnte, diesen Erfüllungsort dem „Domizil" im Sinne des Wechselrechts zu vergleichen, geschweige denn, ihn geradezu „Domizil" zu nennen, liegt gar nicht vor. Auch die Benennung „Eigenwechsel" ist irreführend. Zunächst ist das Wort „Wechsel" (cambium), welches allein den heutigen Eigenwechsel der Form nach vom blofsen Schuldschein unterscheidet und daher einen seiner wesentlichen Bestandteile bildet, in den mittelalterlichen Eigenwechseln überhaupt nur „üblich, aber nicht sakramental", während für die mittelalterlichen Urkunden wiederum materielle Merkmale (Ortsdifferenz oder Münzdifferenz) die entscheidenden Charakteristika bilden, welche im modernen Eigenwechsel nicht vorkommen. Sodann aber, und hierauf ist ganz besonders hinzuweisen, bezeichnet das Wort cambium, wo es vorkommt, den materiellen Schuldgrund, während der heutige Eigenwechsel notwendigerweise ein a b s t r a k t e s Schuldversprechen ist. Die instrumenta ex causa cambii sind cautiones discretae, um mit R o f f r e d u s zu reden discretissimae, und gerade derjenige ihrer Bestandteile, um dessen Willen man sie „Wechsel" nennt, der Schuldgrund, ist das, was im heutigen Schuldschein fehlen mufs, damit derselbe überhaupt Wechsel genannt werden kann. Abstrahiert man aber von allen Besonderheiten der causa in dem domizilierten Eigenwechsel, so erhält man eine abstrakte Stipulationsurkunde. Welchen Nutzen es aber haben soll, jede Stipulationsurkunde als „Wechsel" zu bezeichnen, ist nicht einzusehen.

4. Der „domizilierte Eigenwechsel" ist kein Erzeugnis des Handelsverkehrs; er wird nicht von Kaufleuten kon-

zipiert, sondern von römischrechtlich geschulten Notaren, welche cambia in derselben Form, wie jedes andere Geschäft, beurkunden. Die Vorzüge, welche seine praktische Handhabung bietet (besonders lebhaft geschildert von Goldschmidt S. 307), sind also nicht specielle Vorzüge des Kaufmanns- oder Handelsrechts, sondern Vorzüge jeder Notariatsurkunde und verdanken ihren Ursprung nicht einer über die Schranken des bürgerlichen Rechts hinausstrebenden Gestaltungskraft der Kaufleute, sondern dem Bestreben romanistischer Praktiker, die von ihnen beurkundeten Verpflichtungen mit den Hülfsmitteln römischen Rechts möglichst gegen Anfechtungen zu sichern.

Als Resultat der vorstehenden Erörterungen ergiebt sich, dafs es nicht gerechtfertigt ist, die „domizilierten Eigenwechsel“ als Wechsel und insbesondere als „Urform“ des heutigen Eigenwechsels zu bezeichnen.

V. Die Übernahme von Remittierungen für andere ist, wie oben ausgeführt, jedenfalls seit dem 13. Jahrhundert, ein Gewerbegeschäft der Kampsoren, welche zur Effektuierung von Geldrimessen nach auswärts an den bedeutendsten Handelsplätzen und auf den Messen Filialen errichten oder doch ständige Vertreter halten. Bei der Gestaltung, welche unter diesen Verhältnissen die Remittierung nach auswärts annimmt, konkurrieren bei dem regulären cambium vier Personen. Der Remittierende (1) zahlt das Geld an einem Orte dem Campsor (2) ein, und der Vertreter (3) (Socius oder Korrespondent) des Campsor zahlt dem Remissar (4) am Bestimmungsorte den Gegenwert aus.

Die Stipulationsurkunde, die zur Beurkundung von Verpflichtungen bestimmt ist, welche der Gläubiger selber gegen den Schuldner selber geltend machen soll, eignet sich nur unvollkommen für den Thatbestand dieses cambium mit vier Personen, bei welchem von vornherein intendiert ist, dafs die Erfüllung der vom Schuldner übernommenen Verpflichtung weder durch den Schuldner selber noch an den Gläubiger selber erfolgen soll, und wenn auch die Notare durch reichlichen Gebrauch der „Prokura“- und „Ordreklauseln“ einerseits und der „passiven Ordreklausel“ andererseits diesem Mangel abzuhelfen wissen, so bleibt doch stets die Unvollkommenheit bestehen, dafs neben dem Schuldschein zur Perfizierung des Geschäftes noch eine Reihe umständlicher Benachrichtigungen und Bevollmächtigungen erforderlich sind.

Auch aufserhalb der reinen Geldremittierung kommen im mittelalterlichen Verkehr mannigfache typische Fälle, in welchen die Erfüllung an einem anderen Orte, als wo sie begründet ist, und unter anderen Personen, als denen, welche sie begründet haben, stattfindet, deshalb besonders häufig vor, weil es Sitte war, die Abwickelung aller möglichen Verbindlichkeiten auf eine Messe zu verlegen und sich häufig Gläubiger oder Schuldner nicht persönlich auf der Messe einfanden. Es lag daher nahe, nach einer Beurkundungsart zu suchen, welche dem cambium und den ihm im äufseren Thatbestand verwandten Verkehrsinstituten besser gerecht wurde.

Zweiter Abschnitt.

Die Entstehung der Tratte und die juristische Natur der Verpflichtung des Trassanten.

§ 1.

Form der lettera di pagamento und ihre Vorgänger.

I. Die ältesten bis jetzt bekannten Originalurkunden, welche im wesentlichen die Urkundenform der von den Schriftstellern des 16. und 17. Jahrhunderts insbesondere von Scaccia und Raphael de Turri mitgeteilten Tratten zeigen, sind von Bonaini in den Statuti inediti etc. III p. 201 und 203 veröffentlicht und stammen aus den Jahren 1335 und 1339; ihnen schliefsen sich eine ziemliche Anzahl gleichartiger Urkunden aus der zweiten Hälfte des 14. Jahrhunderts an (vgl. die Zusammenstellung bei Goldschmidt S. 441 fg.). Dafs der Gebrauch derartiger Urkunden aber schon am Ende des 13. Jahrhunderts bei den toskanischen Kaufleuten nichts Auffallendes mehr war, beweist die von Schaube (Sav. Zeitschr. XIV Germ. Abt. S. 128 fg.) analysierte Korrespondenz der Cerchi aus dem Jahre 1291 (zuerst ediert bei Emiliani Giudici, storia dei municipi italiani Bd. III. S. 418 fg.). Als Beispiel dieser Urkunden möge dienen:

> Al nome di Dio amen. Bartalo e compagni Barna da Lucha e compagni salute. Di Vignone. Pagherete per questa lettera a di XX di novembre CCCXXXVIIII

a Landuccio Busdraghi e compagni da Lucha fiorini 312¾ d'oro, che questo di della fatta n'avemo da Tancredi Bonagiunta e compangni a raxione di IIII e quarto per C alloro vantaggio: e ponete a nostro conto e ragione. Fatta di V. ottobre 339.

Diese Urkunden sind nach ihrer äufseren Erscheinung und nach dem Wortsinne ihres Inhaltes keine Schuldscheine, d. h. an den Gegenkontrahenten gerichtete Verpflichtungserklärungen, sondern wirkliche Briefe, d. h. Mitteilungen an Abwesende. Sie werden vom Aussteller verschlossen wie ein Brief, und wie dieser mit dem Namen des Adressaten auf der Aufsenseite versehen und die Art der Anrede des Adressaten mit der Grufsformel sowie die regelmäfsige Wiederholung der Grufsformel am Schlufs entsprechen völlig der Ausdrucksweise in wirklichen Briefen [1].

Ihrem Inhalte nach zerfallen diese Urkunden in zwei Teile; zunächst wird der Adressat aufgefordert, eine Geldsumme an die im Briefe bezeichnete Person auszuzahlen, und sodann wird ihm mitgeteilt, dafs dem Verfasser des Briefes eine andere Geldsumme (u. zw. meistens in anderer Münze) von einer anderen (vierten) Person zugegangen ist, wobei die Redeweise ergiebt und mitunter auch ausdrücklich gesagt wird, dafs durch die Hingabe dieser Summe an den Aussteller das Recht auf Auszahlung der beorderten Summe erworben werden sollte [2].

Im kaufmännischen Verkehr werden diese Urkunden — und darin weicht ihre Verwendung von dem Gebrauche bei gewöhnlichen Briefen ab — nicht an den Adressaten, sondern an denjenigen gesandt, welchem der Adressat

[1] Vgl. die Beschreibung und Nachbildung eines solchen Briefes bei Lastig, Markenrecht S. 123 und 124.

[2] Vollständig zum Ausdruck kommt dieser Sachverhalt, wenn es heifst „sono per cambio di . . .“, d. h. sie (nämlich die zu zahlenden Münzen) sind „eingewechselt (remittiert) gegen . . .“; unvollständig ist die im Laufe der Zeit natürlich überwiegend angewendete Form, in welcher statt obigen Ausdruckes es einfach heifst „per“, zu welchem Worte alsdann „cambio di“ als hinzugefügt zu denken ist.

Zahlung leisten soll, und sie werden auch nicht vom Aussteller selbst abgesandt, sondern von ihm dem Geldhergeber überliefert und dieser sendet sie an die zur Empfangnahme der Zahlung bestimmte Person ab. Dies Sachverhältnis findet auch in der Urkunde selbst seinen Ausdruck, indem der Adressat aufgefordert wird, zu zahlen „per questa lettera“, d. h. gegen Aushändigung des Briefes an die in ihm genannte Person.

Der formale urkundliche Typus dieser Urkunden, welche bekanntlich den Gattungsnamen lettera di pagamento führen, ist also der eines geschlossenen Briefes, dessen Inhalt aus einer an den Adressaten gerichteten Zahlungsaufforderung besteht, welcher eine Benachrichtigung von dem Entstehungsgrunde der Zahlungsverpflichtung hinzugefügt ist. Als dieser Entstehungsgrund der Zahlungsverpflichtung wird in den ältesten Tratten stets ein cambium angegeben, ein Geldremittierungsgeschäft nach auswärts in der im italienischen Handelsverkehr ausgebildeten, am Schlufs des vorigen Abschnittes kurz erörterten Gestalt, nämlich unter Teilnahme von vier Personen. Dieses cambium ist entweder durch specielle Bezeichnung als solches zum Ausdruck gebracht, oder durch Hervorhebung seines wesentlichen Thatbestandes (Einzahlung der Geldsumme an einem Orte gegen die Verpflichtung, das Äquivalent am anderen Orte auszuzahlen). Scharf zu sondern von diesem beurkundeten Geschäfte aber ist die im Vorstehenden beschriebene Urkundenform der l. d. p. Die Anwendbarkeit dieser Form ist (theoretisch genommen) keineswegs auf das Geldremittierungsgeschäft beschränkt, sondern sie kann in allen den Fällen angewendet werden, in welchen eine gleichviel aus welchem materiellen Rechtsverhältnis entstandene Zahlungsverbindlichkeit dadurch effektuiert werden soll, dafs ein Dritter aufgefordert wird, sie zu begleichen.

Deshalb sagt auch die bis jetzt bekannte älteste statutarrechtliche Bestimmung, welche die l. d. p. erwähnt, (der Zusatz zum Statut der arte di Calimala von 1332 l. 1. v. 54), nachdem sie angeordnet hat, dafs jeder Schuldner, der aufserhalb des Florentiner Gebietes eine Zahlung zu leisten hat, seinem Gläubiger auf Verlangen einen oder mehrere lettere di pagamento zu Gunsten jeder ihm vom Gläubiger zu bezeichnenden Person auszustellen habe, dafs diese Bestimmung sich beziehen solle auf „mercantie .... cambio, acomendigia ....“ Es giebt also, wie man hiernach annehmen darf, eine lettera di pagamento di mercantia (= compravendita), ... di cambio, ... di acomendigia etc., je nachdem das Rechtsgeschäft zwischen dem Gläubiger und dem Aussteller ein Kauf, eine reine Geldremittierung, eine Commenda etc. ist, und die Tratte, die lettera di pagamento di cambio, ist nur ein specieller Fall der l. d. p. überhaupt, nämlich eine l. d. p., bei welcher die zu effektuierende Zahlung aus einem cambium, einem Geldremittierungsvertrage, herrührt. Hiermit im Einklang steht die Ausdrucksweise Pegolottis, wenn er sagt „Termini di cambiora (= cambio), che si mandano a pagare o a ricevere per lettera di pagamento, d. h. Zahlungstermine der Geldrimessen, zu deren Auszahlung oder Empfangnahme durch Zahlungsbriefe Auftrag erteilt wird, und so wird auch gelegentlich die Tratte mit ihrem vollen Namen bezeichnet als litterae pagamenti cuiusdam cambii (Mas Latrie III p. 9), oder als litera cambii pagamenti im Statut der cambiatori von Bologna von 1481, (vielleicht auch schon 1385) bei Lastig: Bologneser Quellen des Handelsrechts S. 15. Die Bezeichnungen l. d. p. und l. di c. bilden also nicht, wie Schaube Ztschr. der Sav. St. S. 134 meint, Gegensätze, sondern sind Bestandteile einer und derselben weitläufigeren Bezeichnung; sie schliefsen einander nicht aus, sondern sie ergänzen sich, und werden von Anfang an promiscue gebraucht.

Zu Vorstehendem ist jedoch zweierlei zu bemerken.

1. Die oben citierte Bestimmung des Statuts der arte di c. ergiebt, und die erhaltenen Exemplare der l. d. p. bestätigen, dafs die l. d. p. nur gebraucht wird, um eine an dem einen Orte begründete Verpflichtung zur Zahlung einer Geldsumme an einem anderen Orte zu effektuieren. Der äufsere Thatbestand des cambium liegt also immer

vor, wenn auch der Zweck des Geschäftes keineswegs immer, sei es überhaupt, sei es allein, gerade auf Geldremittierung nach auswärts gerichtet zu sein braucht.

2. Die thatsächliche Gestaltung des Handels vor allem der ober- und mittelitalienischen Kaufleute, insbesondere das Bestehen von Bankiersocietäten, welche entweder selber Filialen an allen gröfseren Plätzen haben, oder mit anderen gleichartigen Geschäften an auswärtigen Plätzen in engem Verkehr stehen, bringt es mit sich, dafs derjenige, welcher auswärts Zahlungen zu leisten hat, mit einer solchen Bankiersocietät einen Remittierungsvertrag abschliefst und zur Effektuierung desselben eine l. d. p. entgegennimmt. Das dieser l. d. p. zu Grunde liegende Valutageschäft ist alsdann stets ein reines cambium. Im Zusammmenwirken beider Momente dürfte der Grund dafür liegen, dafs die generelle Bezeichnung lettera di pagamento im Laufe der Zeit immer mehr verschwindet und durch den ursprünglich eine ihrer Unterabteilungen bezeichnenden Ausdruck lettera di cambio ersetzt wird.

II. Die lettera di pagamento ist weder das einzige, noch auch, soweit das vorhandene Material einen Schlufs erlaubt, das älteste Beispiel des von ihr repräsentierten Urkundentypus, vielmehr finden sich schon in der ersten Hälfte des 13. Jahrhunderts Urkunden von wesentlich gleichen Bestandteilen im Geldverkehr der Fürsten in erheblicher Zahl verwendet.

1. Unter diesen Urkunden stehen äufserlich der lettera d. p. am nächsten die brevia (praecepta) de „liberate“, die Scheine, mittels welcher die englischen Normannenkönige über die Gelder ihres Exchequer disponieren, die Urtypen der heutigen Checks.

Als Beispiel dieser Urkunden mögen dienen die Nr. Nr. 1 und 15 der von Bond in der Archaeologia Tome 28 veröffentlichten Briefe des Königs Heinrich III aus den Jahren 1239 und 1245.

Nr. 1. Rex Thesaurario et camerariis suis salutem. Liberate de thesauro nostro Burgundioni Boccarelli,

Restoro Jacobi, Leonardo Hubertini, Jacobo Pieri et sociis suis mercatoribus Senensibus 300 marcas, quas commodaverunt magistro Alexandro archidiacono Salopensi et magistro Waltero de Cantilcipo ad negotia nostra in Romana curia expedienda. Teste J. Bathoniensi episcopo apud Welliam 5. die Maii anno regni nostri 12.

Nr. 15. Rex baronibus suis de Thesaurario salutem. Liberate de Thesauro nostro Aymerico Cosse et Mainetto Robertin 100 libras, pro 100 libris quas Spilletus et socii sui mercatores Florentini liberaverunt magistro Laurentio de S. Martino ad expensas suas in curia Romana acquietandas. Teste Rege apud Westmonasterium 13. Junii.

Wie die l. d. p., zerfallen diese Briefe in die Aufforderung zu zahlen, gerichtet an die Barone des Exchequer, und eine sich an diese Zahlungsaufforderung anschliefsende Mitteilung des Entstehungsgrundes der Schuld, welche durch die Zahlung beglichen werden soll. Diese Briefe sind geschlossene Briefe (der technische Name, unter dem sie z. B. im Bd. I von Rymer Foedera und bei Huillard-Bréholles P. III. S. 783 erscheinen, ist litera clausa), wie die lettere di pagamento, und wie diese werden sie nicht direkt dem Adressaten übersandt, sondern demjenigen, an welchen die Zahlung zu leisten ist, übergeben, damit er gegen ihre Aushändigung die Zahlung empfange. Die Richtigkeit dieser Annahme Bonds l. c. S. 231 ergiebt sich daraus, dafs gelegentlich ausdrücklich erwähnt wird [B. Nr. 8], Zahlung solle erfolgen an die Gläubiger vel certo eorum nuntio has literas nostras vobis deferenti, welche Klausel nicht etwa den Schlufs gestattet, dafs in den Fällen, in welchen sie fehlt, der Brief direkt an den Adressaten gesandt wird, sondern nur andeuten soll, dafs die Vorlegung des Briefes durch einen anderen, als den Gläubiger persönlich erfolgen soll (cf. auch die entsprechende Anwendung der Klausel in den unten zu besprechenden Briefen Kaiser Friedrichs II.), sowie daraus, dafs sich bei einigen Briefen, welche nicht zur Verwendung gekommen sind, die Bemerkung findet: Reddidit (sc. creditor) breve et vacat ... (Bond Nr. 38), oder vacat quia restitutum fuit et cancellatum et per Lucam de Luca satisfactum (Nr. 69). Ein bemerkenswerter Unterschied zwischen der wirtschaftlichen Funktion dieser Briefe und derjenigen der l. d. p. zeigt sich darin, dafs die brevia de „liberate“ ersichtlich dazu dienen, präsente Zahlungsverbindlichkeiten, welche in der Regel aus längere Zeit vor ihrer Ausstellung begründeten Schuldverhältnissen herrühren, zu erfüllen und daher nicht, wie die l. d. p., bei Begründung, sondern erst bei Fälligkeit der Verpflichtung ausgestellt werden. Die Könige verwenden sie im Verhältnis zu ihrem Exchequer ganz in der Weise, wie ein moderner Geschäftsmann im Verhältnis zu seinem Bankier Checks verwendet.

Über die Verbindlichkeit, welche durch Honorierung des breve effektuiert werden soll, ist daher auch häufig (aber durchaus nicht immer, oder auch nur regelmäfsig) ein Schuldschein ausgestellt. Solche Schuldscheine, wegen ihrer gewöhnlichen Eingangsformel Rex ... universis ... salutem (oder ähnlich) den literae patentes zugerechnet, zeigen häufig die Form der im ersten Abschnitt besprochenen Notariatsinstrumente; in anderen Fällen sind es Kreditbriefe, denen alsdann die Notariatsinstrumente derjenigen, welche auf den Brief hin Darlehn erlangt haben, beigelegt werden. Wenn solche Schuldscheine, einerlei in welcher Form, ausgestellt sind, pflegt der König die Barone des Exchequer anzuweisen, bei Honorierung des breve den oder die Schuldscheine zurück zu verlangen. Solches Zusammentreffen von breve de liberate und Schuldschein (litera patens) und insbesondere von breve und Kreditbrief nebst Schuldschein des Geldempfängers, ist aber ein rein gelegentliches; eine litera patens kann honoriert werden, ohne dafs diese Honorierung durch breve de liberate effektuiert wird und ein breve de liberate kann ausgestellt werden, ohne dafs die Verbindlichkeit, zu deren Effektuierung es dient, durch litera patens und insbesondere durch Kreditbrief und Schuldschein beurkundet wird. Es erscheinen daher auch die brevia de liberate in der ältesten Darstellung, in welcher sie m. W. erwähnt werden, nämlich im Dialogus de Scaccario (verfafst in den 80er Jahren des 12. Jahrh.) durchaus unabhängig von irgend welchen anderweitigen Schuldscheinen, als die schon seit jener Zeit völlig ausgebildete Form, in welcher der König über die Gelder seines Exchequer verfügt. Dialogus de Scaccario Liber I, 6:

Thesaurarius et camerarii regis nisi expresso mandato regis vel praesidentis iustitiarii, susceptam pecuniam non expendunt, oportet enim, ut habeant auctoritatem rescripti regis de distribuenda pecunia, cum ab eis compotus generalis exigetur; est autem hic tenor „H. rex ... N. thesaurario et illi et illi camerariis salutem. Liberate de Thesauro meo illi vel illi hanc vel hanc summam. Testibus his apud N. ad scaccarium". Additur autem ad scaccarium, ut sic fiat discretio brevium, quae in curia regis fiunt. Oportet etiam, ut facto brevi de exitu Thesauri, ut diximus, faciat idem scriptor rescriptum eius, quod vulgo dicitur contrabreve; et illud penes se reservabit clericus cancellarii in testimonium liberatae factae per breve regis originale, quod thesaurarius et camerarii habent. Brevia quoque de computandis vel perdonandis his quae barones decreverint computanda vel perdonanda, praecognita domini regis voluntate sub hoc tenore verborum fiunt: „H. dei gratia .... baronibus de scaccario salutem. Computate illi vel illi hanc vel hanc summam, quam liberavit ad hoc vel illud negotium meum. Testibus hiis ibi ad scaccarium". Item: „Rex baronibus de scaccario salutem. Perdono illi vel clamo quietum hunc vel illum de hoc vel illo. Testibus hiis ibi ad scaccarium" etc.

Dafür, dafs der Gebrauch dieser Urkunden auf Einflüsse italienischen Bankwesens zurückzuführen sei, findet sich keinerlei Anhalt, vielmehr ist es wahrscheinlicher, dafs die ganze Einrichtung schon bestanden hat, als die Einkünfte des Königs noch wesentlich in Naturalien und nicht in Geld entrichtet wurden.

Die Schuldverhältnisse, aus welchen die mittels des breve zu begleichenden Zahlungsverpflichtungen herrühren, haben den verschiedensten Inhalt; die bei Bond veröffentlichten brevia betreffen, dem Zweck der Bondschen Abhandlung entsprechend, meistens Darlehn, doch kommen auch Kaufpreisschulden (Nr. 12), Schulden aus Belehnungen mit Renten (Nr. 10) und andere Rechtsverhältnisse vor. In einigen Fällen ermächtigt der König auch zur Erhebung von Geldern, welche der Empfänger für Rechnung der Krone an Dritte auszahlen soll (Nr. 11, 13). Einige Male erscheint mehr oder weniger ausgeprägt der äufsere Thatbestand des Geldremittierungsvertrages; der König hat, vertreten durch seine Gesandten, in Italien Gelder aufgenommen, zu deren Rückzahlung regelmäfsig an die Darleiher selber, bisweilen aber auch an von ihnen verschiedene Personen er die Barone des Exchequer anweist (cf. das oben angeführte Beispiel Nr. 15 bei Bond und Nr. 28 eben dort). In diesen Fällen ist die äufserliche Ähnlichkeit der brevia mit den Zahlungsbriefen besonders hervortretend. Der äufserliche Unterschied besteht nur darin, dafs sich die lettere di pagamento als sofort bei Kontrahierung der Schuld ausgestellt darstellen, während die brevia ersichtlich machen, dafs sie erst ausgestellt sind, als Zahlung einer vorher begründeten Schuld bewirkt werden soll.

2. Urkunden wesentlich gleicher Art finden sich auch im sicilianischen Normannenstaate, von dessen gesamter Verwaltung und insbesondere auch Finanzverwaltung zwar nicht mehr aus der Zeit der Normannenkönige selber, wohl aber aus der Zeit ihres Erben, des Kaisers Friedrich II. uns das bisher in den juristischen Darstellungen noch nicht benutzte, s. g. Regestum Frederici Imperatoris (ein Kopiebuch der in der Zeit vom Oktober 1239 bis Ende April 1240 vom Hofe des damals in der südlichen Lombardei gegen die guelfischen Städte zu Felde liegenden Kaisers an seine sicilianischen Beamten gerichteten Briefe), ein aufserordentlich genaues und interessantes Bild giebt. Durch geschlossene Briefe, welche mit den brevia de liberate, ohne allerdings deren gleichförmige Kürze des Ausdrucks zu erreichen, darin übereinkommen, dafs in ihnen der Zahlungs-

aufforderung eine formlose Mitteilung über die Entstehung der Zahlungsverpflichtung hinzugefügt ist, verfügt der Kaiser von der Lombardei aus über die in Händen seiner sicilianischen Steuereinnehmer u. s. w. befindlichen Gelder zur Bezahlung der Salaire seiner Beamten, des Soldes seiner Truppen, der Auslagen, welche Beamte zu Zwecken ihrer Amtsthätigkeit z. B. für Staatsbauten, oder in anderen Fällen, machen sollen, oder gemacht haben, kurz im allgemeinen für Zwecke der inneren Verwaltung, in seinen Beziehungen zu seinen Untergebenen. Als Beispiel hierfür möge dienen die Urkunde bei Huillard-Bréholles V, S. 858:

R. Pisciono justitiario Aprutii .... Fidelitati tuae praecipiendo mandamus, quatenus Roberto de Castilione fideli nostro pro duobus preteritis mensibus, quibus expensas a curia nostra pro defectu pecuniae non receperit, expensas dare debeas de pecunia curiae nostrae, quae est per manus tuas, videlicet pro se socio uno et 10 equis uncias auri 28½ ad pondus curiae nostrae et recipias ab eo exinde apodixam. Piscariae 22 martii 1240.

Im Geldverkehr mit anderen Personen als Beamten und insbesondere bei Beurkundung der grofsen und zahlreichen Darlehen, welche der Kaiser für seine Feldzüge bei Kaufleuten aus Rom und anderen ihm ergebenen Städten, insbesondere aus Siena, Cremona, Parma, sowie auch bei Provencalen, aufzunehmen gezwungen war, erscheint ein anderer Urkundentypus. Es werden nämlich über ein solches Darlehnsgeschäft zwei Urkunden ausgestellt, welche als litera patens und litera clausa bezeichnet werden. Die litera patens ist nichts anderes, als die uns schon bekannte Stipulationsurkunde in Briefform, bestehend aus Schuldanerkenntnis mit Angabe des Schuldgrundes, Zahlungsversprechen und Ricorsaklausel. Erwähnenswert ist, dafs das Zahlungsversprechen in der Form abgegeben wird, dafs der als Aussteller erscheinende Kaiser sogleich denjenigen Beamten benennt, welcher in seinem Namen Zahlung leisten soll (... promisimus eis, quod Major de Plancatone ... fidelis noster pro parte curiae nostrae . . . predictos mercatores . . . debeat quietare). Dem Namen des Gläubigers ist, von ganz vereinzelten Ausnahmen abgesehen, stets die Ordre-, richtiger Stellvertretungsklausel gewöhnlich in der Form praed. mercatores vel alterum eorum sive certum nuntium vel procuratorem ipsorum hinzugefügt. Die litera clausa dagegen ist ein Brief an den in der litera patens zur Ableistung der Zahlung designierten Beamten und enthält zunächst in der Redeform einer brieflichen Mitteilung eine wörtliche Wiederholung der ganzen litera patens inkl. Ricorsaklausel, Ordreklausel u. s. w., lediglich mit denjenigen Abweichungen, welche sich aus der Umformung der dispositiven in die enuntiative Ausdrucksweise ergeben. An diese Mitteilung schliefst sich alsdann die Aufforderung, die im Vorstehenden mitgeteilte Schuld zu berichtigen, bisweilen in ziemlich dringlicher Form und unter Hinweis darauf, dafs bei Nichtberichtigung der Schuld die schweren Folgen des Verzuges (36 % Zinsen p. a. vom Fälligkeitstage an) zum Nachteil der kaiserlichen Kasse eintreten würden. Die in der litera patens dem Namen des Gläubigers hinzugefügte Ordreklausel wird auch in die Zahlungsaufforderung aufgenommen; der Adressat wird angewiesen, Zahlung zu leisten praefatis mercatoribus vel alteri eorum sive certo nuntio vel procuratori ipsorum. Am Schlufs der Urkunde wird sodann der Adressat aufgefordert, bei der Zahlung sich die litera patens zurückgeben und aufserdem eine Quittung ausstellen zu lassen.

Ich stelle zwei solcher Urkunden vom 14. Oktober 1239 nebeneinander (Huillard-Bréholles V S. 446):

litera patens:	litera clausa:
Notum facimus universis, quod Gualterius de Cesalinis et Petrus Jurda mercatores Romani fideles nostri mutuaverunt nobis et assignaverunt camerae nostrae de Venetianis grossis lb. XVI 1/1 et de-	Notum facimus fidelitati tuae, quod Gualterius de Cesalinis et Petrus Jurda mercatores Romani fideles nostri mutuaverunt et assignaverunt camerae nostrae de Venetianis grossis lb. XVI 1/1 et de-

litera patens:

narios 5 pro unciis auri 67 ad generale pondus regni ad rationem videlicet de sol. 5 minus den. 1 per unciam, de quibus unciis convenimus et promisimus eis, quod Major de Plancatone, doanae . . . fidelis noster pro parte curiae nostrae de pecunia curiae nostrae, quae est per manus suas, predictos mercatores vel alterum eorum sive certum nuntium vel procuratorem ipsorum in medietate januarii proximi futuri hujus 13. indictionis sine defectu et difficultate ac alicuius morae majoris dispendio debeat quietare. Si vero, quod omnino nolumus immo fieri expresse ac firmiter inhibemus, predictus solutionis terminus transiret aliquo forte casu inevitabili contingente, quo fieri aliter aliquatenus non valeret, deinde in antea quamdiu solutio differretur ad minus tamen, quam possit unquam differri, idem secretus solvere tenetur et debet eis pro dampnis et interesse sicut eveniet ad rationem de tribus unciis dandis per mensem de unciis 100 et nihilominus integre et cum omni

litera clausa:

narios 5 pro unciis auri 67 ad generale pondus regni ad rationem de sol. 5 minus den. 1 per unciam, de quibus convenimus et promisimus eis, quod tu pro parte curiae nostrae de pecunia curiae nostrae, quae est per manus tuas, predictos mercatores vel alterum eorum sive certum nuntium vel procuratorem ipsorum in medietate januarii proximi futuri hujus 13. indictionis sine defectu et difficultate ac alicuius morae majoris dispendio debeas quietare. Si vero, quod omnino nolumus immo fieri tibi expresse ac firmiter inhibemus, predictus solutionis terminus transiret aliquo forte casu inevitabili contingente, quo fieri aliter aliquatenus non valeret, deinde in antea quamdiu solutio differretur ad minus tamen, quam possit unquam differri, de singulis C unciis tres uncias auri ad generale pondus per mensem tu eis solvere teneris et debes pro damnis et interesse et nihilominus integre et cum omni celeritate solvere uncias supradictas.

Quare mandamus, quate-

litera patens:

celeritate solvere uncias supra dictas.

litera clausa:

nus sollicitationem adhibendo undecunque et quomodocunque melius poteris, quod adveniente termino supradicto predictis mercatoribus vel alteri eorum sive certo nuntio vel procuratori eorum praedictas uncias auri 67 ad generale pondus regni sine omni difficultate et maioris morae dispendio de pecunia curiae nostrae, quae est per manus tuas, exsolvas, et eos alacriter debeas expedire, ita quod ex celeri expeditione, quam eis feceris in praedictis, ipsi quam alii, si quando necesse fuerit, in huiusmodi beneplacitis nostris libentius se exponant, et si forte, quod omnino nostrae displicet maiestati, sicut superius dictum est, aliquo inevitabili casu post supradictum terminum solutio disferetur, pro damnis et interesse de singulis C unciis tres uncias auri ad generale pondus regni per mensem exsolvas eisdem provisurus tamen et curaturus actente, quod damnum ipsum propter tui negligentiam nostra curia non incurrat sicut de gratia nostra confidis et tibi damnum ipsum imputari formidas.

litera clausa:

Tu vero mercatoribus ipsis integre de predicta pecunia quietatis patentes literas nostras, quas ipsis proinde fieri fecimus, recipias ab eisdem facturus de solutione ipsa aliud scriptum competens ad cautelam curiae nostrae.

Diese litera clausa ist, wie schon ihr Name sagt, ein verschlossener Brief, welcher den Namen des Adressaten auf der Aufsenseite trägt, wie sich daraus ergiebt, dafs gelegentlich einer der Adressaten es für nötig hält, die Genehmigung des Kaisers einzuholen für eine Zahlung, welche er geleistet hat, obwohl sein Name nur auf der Aufsenseite des Briefes gestanden hatte, im Kontext dagegen (offenbar versehentlich) weggelassen worden war. Sie wird ferner mit der litera patens zugleich, und zwar sofort bei Abschlufs des Geschäftes, ausgestellt, und sie wird nicht etwa dem Adressaten direkt übersandt, sondern mit der litera patens zugleich an denjenigen ausgehändigt, welcher, sei es persönlich, sei es durch seinen certus nuntius etc., die Zahlung entgegennehmen soll. Dies ergiebt sich zwar nicht aus dem Briefe selbst, welcher neben dem Namen des Zahlungsempfängers die Bemerkung latori presentium regelmäfsig nicht, sondern vielmehr nur in Fällen trägt, in welchen die Einkassierung nicht durch den Berechtigten selber, sondern durch einen von vornherein bestellten Vertreter geschieht (Huillard-Bréholles V S. 677 und 955); es ergiebt sich aber aus dem Verfahren in den Fällen, in welchen statt der in der litera patens und clausa bezeichneten Beamten zur Zeit der Fälligkeit der Zahlung andere Beamte in die betreffenden Ämter eingetreten sind, ein ziemlich häufiger Fall, da es Verwaltungsmaxime des Kaisers war, die Funktionen seiner Beamten viel wechseln zu lassen, um die aus einem zu engen Verwachsen der Beamtenschaft mit der Bevölkerung der regierten Länder befürchteten Pflichtwidrigkeiten (insbesondere Bestechlichkeit) möglichst zu verhindern. In den vorerwähnten Fällen wird an den neuen Beamten eine kurze Aufforderung gerichtet, den seinem Vorgänger erteilten Zahlungsauftrag auszuführen; in diesem Schreiben wird der neue Beamte angewiesen, sich bei Zahlung nicht nur die l. p., sondern auch die l. cl. aushändigen zu lassen. Hieraus geht zugleich hervor, dafs Zahlung nur gegen Aushändigung der l. cl. erfolgt; ein Verfahren, das, wie es scheint, als selbstverständlich angesehen und daher in der l. cl. selber als besonderer Erwähnung nicht weiter bedürftig erachtet wird.

Wie schon erwähnt, betreffen die meisten Beispiele dieser Beurkundung eines Rechtsgeschäftes mittels l. p. und l. cl. Darlehen, welche der Kaiser aufnimmt. Da bei diesen Darlehen die hingegebene Summe in norditalienischer Münze, gewöhnlich in venetianischen librae grossorum, die zurückzuzahlende Summe dagegen in sicilianischen unciae ausgedrückt wird, da ferner der Ort der Hingabe und der Ort der Rückzahlung verschieden sind, die Rückzahlung auch durch eine andere Person, als den Empfänger, sowie auch an die Ordre des Geldhergebers erfolgt, so enthalten diese Verträge den vollständigen äufseren Thatbestand des Geldremittierungsgeschäftes mit noch unbenanntem Remissar. Trotzdem sind die Verträge natürlich nichts anderes als qualifizierte Darlehen und keine cambia, da Geldremittierung nach auswärts ersichtlich nicht die Absicht der Parteien, sondern nur ein accidenteller Effekt des Vertrages ist.

Die vorstehend geschilderte Beurkundungsart ist aber durchaus nicht auf Darlehen beschränkt, sondern wird in allen denjenigen Fällen angewendet, in welchen der Kaiser eine gleichviel aus welchem Schuldgrunde von ihm kontrahierte Verbindlichkeit dadurch effektuiert, dafs er einen seiner Beamten zu ihrer Begleichung auffordert. Der Urkundentypus wird insbesondere angewendet bei Kreditkäufen, um die Zahlung des Kaufpreises zu bewirken (H.-Br. V S. 477), bei Schuldübernahmen, um die übernommene Schuld zu begleichen; ja er ist nicht einmal auf Geldschulden beschränkt, sondern kommt auch zur Anwendung, um die Lieferung einer vom Kaiser, sei es auf Grund eines Kaufgeschäftes, sei es aus einem anderen Verpflichtungsgrunde zu liefernden Quantität Getreide zu bewirken. Die Getreideausfuhr war im Königreich Sicilien Kronmonopol, bezw. von königlicher Erlaubnis abhängig, und der Kaiser verschaffte sich u. a. auch dadurch Geld, dafs er gegen Vorauszahlung Getreidemengen verkaufte, welche in Palermo oder Messina zu liefern waren. Auch in diesen Fällen wird eine l. p. in der gewöhnlichen Form ausgestellt, in welcher der Kaiser den Kaufpreis empfangen zu haben bekennt und Lieferung des Getreides verspricht, und daneben eine l. cl. gleichfalls in der gewöhnlichen Form, gerichtet an den Verwalter des Getreidemagazins mit der Aufforderung zur Auslieferung des Getreides (H.-Br. V S. 531 und 677). Die verständnisvolle Präcision, mit welcher in allen diesen Fällen das ersichtlich sehr gut ausgebildete kaiserliche Beamtentum die oben beschriebene Beurkundungsform handhabt, rechtfertigt die Annahme, dafs diese Urkundungsform im Jahre 1239—1240 durchaus nichts neues war, sondern schon eine geraume Zeit hindurch geübt ist.

3. Dafs solches Beurkundungssystem um die Mitte des 13. Jahrhunderts auch am Hofe der französischen Könige bestand, ergeben die von Belgrano (Documenti inediti riguardanti le due crocciate di San Ludovico) herausgegebenen neuerdings von Schaube, Conrads Jahrb. LXX S. 603 fg. besprochenen genuesischen Notariatsurkunden aus der Zeit des ersten Kreuzzuges Ludwigs des Heiligen.

Die literae patentes und clausae selber, welche der König über von ihm im Orient bei italienischen Kaufleuten aufgenommene in Paris zurückzahlbare Darlehen ausgestellt hatte, sind uns zwar nicht erhalten, aber ihr Inhalt ergiebt sich aus den Instrumenten, in welchen genuesische Notare im Auftrage der Darlehnsgeber die Übergabe dieser Briefe an Personen bekunden, welche die verbrieften Forderungen angekauft haben.

Für die wörtliche Übereinstimmung der l. p. und cl. spricht der Umstand, daſs in den vom Notar Bartolomeus Fornari verfaſsten Übertragungsurkunden der Inhalt der l. p. und l. cl. mit identischen Worten beschrieben wird, z. B. Nr. 216 (Belgrano S. 202): ego . . . confiteor, . . . me recepisse et habuisse a te literas duas domini regis Franciae sigillatas sanas et integras cum sigillis unam clausam et aliam apertam, in quibus continetur, quod dominus rex Franciae recepit mutuo a Lanfranco Grillo lb. 400 turon. reddendas Parisius infra quindenam, postquam dictae literae fuerint praesentatae in templo Parisius, et fuerunt scriptae 1253 mense oct. die martis ante festum beati Dionysii . . . und wenn der korrekter urkundende Notar Giannuino de Predono statt dessen sagt (Belgrano Nr. 170): duo paria literarum sigillatarum sigillo domini regis sanas et salvas et integras, quas tibi dedi et tradidi, quarum una est clausa et alia est aperta und alsdann nur den Inhalt der litera aperta beschreibt, so läſst doch die Wendung duo paria literarum den Schluſs zu, daſs auch hier gesagt sein soll, der Inhalt der l. cl., welche ja der Notar gar nicht zu lesen bekommt, sei als mit dem Inhalt der l. a. übereinstimmend vorausgesetzt. Erwägt man ferner die evidente Verwandtschaft dieser Urkundungsart einerseits mit den Briefen des Kaisers Friedrich, andererseits mit den sogleich zu besprechenden die Form der enuntiativ gewendeten l. p. ganz deutlich zeigenden Briefen der Kaiserin Maria von Konstantinopel, so wird der Schluſs berechtigt erscheinen, daſs auch die literae clausae des Königs Ludwig genau denselben Typus gezeigt haben wie die des Kaisers Friedrich.

Die Handhabung beider Urkunden im Verkehr entspricht ganz derjenigen der Briefe Kaiser Friedrichs. Beide Urkunden werden sogleich bei Abschluſs der Darlehen ausgestellt, und beide werden dem Gläubiger übergeben. Bemerkenswert ist, daſs mit der l. cl. bei der Zahlung genau so verfahren wird wie mit der l. a., indem beide Urkunden Zug um Zug gegen Zahlung der verbrieften Summe dem königlichen Beamten übergeben werden und nicht etwa die l. cl. nach Art eines Briefes vorher dem Adressaten ausgehändigt wird, damit er von ihrem Inhalt Kenntnis nehme. Dies ergiebt sich daraus, dafs die Forderungsverkäufer, welche im allgemeinen für den Eingang der veräufserten Forderung die Garantie übernehmen, sich auszubedingen pflegen, dafs diese Garantie cessiren solle, wenn der Käufer nicht imstande sei, die l. p. und litera clausa unversehrt und in dem Zustande, wie er sie erhalten, zurückzuliefern. So übernimmt in der Urkunde Nr. 57 bei Belgrano der Verkäufer, dem die Käufer über den kreditierten Kaufpreis ein instrumentum ausgestellt haben, die Verpflichtung, dies instrumentum im Falle der Nichthonorierung der l. p. und l. cl. zu kassieren nur unter der Bedingung „vobis mihi restituentibus et dantibus dicta instrumenta duo domini regis Franciae sigillata, unum clausum et aliud apertum sanum cum sigillis et sine aliquo dampno et eodem modo et forma, quo vel quibus erant tempore, quo vobis ea tradidi et aliter dictum instrumentum (nämlich den Schuldschein der Käufer über den kreditierten Kaufpreis) cassare non tenear."

4. Der Gebrauch dieser den Schuldschein wörtlich reproduzierenden l. cl., welche zur Unterscheidung von den l. cl. mit formloser Angabe des Schuldgrundes als enuntiative Stipulationsurkunden bezeichnet werden können, ist durchaus nicht auf Sicilien und Frankreich beschränkt, aber die Verbindung der l. cl. und der l. p., welche die sicilianischen Urkunden ausnahmslos zeigen, erscheint in den übrigen mir bekannten Fällen als mehr oder weniger gelöst. Solche l. cl. sind zunächst die von Schaube in der Ztschr. f. H. XLIV Seite 43 fg. besprochenen Briefe der lateinischen Kaiserin Maria an die Königin Blanca von Frankreich aus dem Jahre 1249. Die bei ihnen angewendete Beurkundungsart unterscheidet sich vor allem dadurch von der in den Briefen Kaiser Friedrichs üblichen, dafs eine l. p. neben der l. cl. nicht ausgestellt wird, was durch die von Schaube S. 47 angeführten Gründe m. E. völlig bewiesen ist. Unrichtig

dagegen, und durch die Briefe Kaiser Friedrichs widerlegt, ist die Meinung Schaubes, dafs sich diese l. cl. als Begleiturkunden zu Kreditbriefen entwickelt hätten; nicht Kreditbriefe, sondern einfache instrumenta, Schuldscheine in Form der Stipulationsurkunde (literae patentes) sind es, zu welchen diese Briefe ursprünglich Begleiturkunden bilden. Irrig ist auch Schaubes weitere Annahme, diese Briefe ständen „etwas abseits von der grofsen Entwickelung", und grundlos ist endlich seine Meinung, dafs durch die Worte „fetes paier . . . de ce, que vos avez là dou nostre et dou Jahan, mon frere", die in Frankreich belegenen Besitzungen der Kaiserin und ihres Bruders der Adressatin zur Deckung für die zu leistende Zahlung zur Verfügung gestellt würden. Die angeführten Worte, welche unverkennbare Ähnlichkeit mit der Wendung de pecunia, quae est per manus tuas u. ä. in den Briefen Kaiser Friedrichs zeigen, erklären sich doch am natürlichsten dahin, dafs die Königin von Frankreich aus Geldern, welche sie in Händen hatte (etwa Einkünften der französischen Besitzungen der Aussteller), Zahlung leisten solle, denn wie und wem gegenüber hätte wohl die Empfängerin der Briefe aus einer so unbestimmten und vieldeutigen Erklärung ein Recht auf Aneignung oder Verwertung der Besitzungen herleiten können? Der eindringlich bittende Ton dieser Briefe mag sich, abgesehen davon, dafs überschwängliche Beteuerungen der Ergebenheit und Dankbarkeit auch bei Ansinnen, auf deren Erfüllung dem Bittsteller ein Recht zusteht, zum guten Ton jener Zeit zu gehören scheinen (man vergleiche die flehentliche Ausdrucksweise in den unten zu besprechenden Briefen des Reincke Mornewech an den Rat von Lübeck, der doch dem Reincke gegenüber nicht nur zur Honorierung der Briefe verpflichtet war, sondern ihm auch sehr dankbar für die geleisteten Dienste sein mufste), hier auch vielleicht daraus erklären, dafs die Gelder, welche die Königin von Frankreich in Händen hatte, nicht zur Deckung aller angewiesenen Beträge zureichten.

5. Eine noch weitere Entwickelungsstufe der hier besprochenen enuntiativen Stipulationsurkunden zeigt die Korrespondenz des Reincke Mornewech mit dem Lübecker Rat aus dem Jahre 1290. Wie schon erwähnt, war Mornewech als Beauftragter des Rates auf der Messe zu Brügge, um die meistens in Deutschland kontrahierten aber in Brügge zahlbaren Schulden des Rates zu begleichen und zu ihrer Deckung, soweit die Valuta der wenigen ebenfalls daselbst von ihm einzuziehenden Forderungen des Rates nicht ausreichte, neue Darlehen rückzahlbar in Lübeck aufzunehmen. Bei der Beurkundung dieser letzteren Darlehen, welche (worauf hier vorab hingewiesen sein möge) dem äufseren Thatbestand des cambium mit noch unbenanntem Remissar entsprechen (Trassant ist M., Trassat der Rat von Lübeck, Remittent der Darleiher, Remissar entweder der Darleiher oder seine Ordre, Ortsverschiedenheit ist immer, Münzverschiedenheit bisweilen vorhanden), bemerken wir eine Menge von Variationen, gewissermafsen die Stillosigkeit einer Übergangszeit, in welcher das Verständnis für die ursprüngliche juristische Funktion der alten Form mehr und mehr verloren gegangen ist. Wir sehen, wie eine innerhalb der fürstlichen Kanzleien, in denen sie, wie anzunehmen, ausgebildet wurde, mit strengem Festhalten an der juristischen Solennität gehandhabte Urkundungsform bei ihrem Hinübertreten in die Kreise der Kaufleute, bei welchen Streben nach Kürze und die Hervorkehrung des sachlichen Inhalts des Geschäfts die Rücksicht auf eine korrekte Ausprägung der juristischen Momente weit überwiegt, mannigfachen Umbildungen unterworfen wird, ehe eine den neuen Bedürfnissen und Zwecken entsprechende feste Form gefunden ist. Im allgemeinen ist der Inhalt dieser Umbildungen der, dafs die technischen Solennitäten der enuntiativen Stipulationsurkunde durch eine mehr oder minder formlose Angabe des Schuldgrundes ersetzt werden, sodafs schliefslich die enuntiative Stipulationsurkunde als besonderer scharf umgrenzter Typus verschwindet. Die Wandlungen der Beurkundung, welche wir in dieser interessanten Korrespondenz in einem

speciellen Falle im Laufe weniger Wochen sich vollziehen sehen, können vielleicht als eine Art Paradigma für den Umbildungsprozeſs dienen, den die enuntiative Stipulationsurkunde während ebenso vieler Jahrzehnte durchgemacht hat.

Über einige der Darlehen ist soweit ersichtlich überhaupt kein Schuldschein ausgestellt, sondern M. benachrichtigt einfach in einem in erster Linie andere Mitteilungen enthaltenden direkt übersandten Briefe den Rat von Lübeck von der Aufnahme des Darlehns und den vereinbarten Zahlungsbedingungen (Nr. 553 Notum vobis facio, quod recepi hic a Holde Rufo de Brunswig 500 marcas et 32 marcas.... ähnlich Nr. 554, und über dasselbe Geschäft Nr. 560). Die Beurkundung mittels Schuldscheins erfolgt zunächst in Form der l. p. allein, welche übrigens schon (Nr. 581) eine den solennen Stipulationsurkunden gegenüber stark abgekürzte Form zeigt; insbesondere ist sehr charakteristisch das Zurücktreten der Ricorsaklausel, also gerade desjenigen Bestandteils, welcher, als durch specielle Rechtssätze des antiken Rechtes motiviert, dem Laien am wenigsten verständlich und am ersten entbehrlich erscheinen muſste. Sodann findet sich die uns bereits bekannte Verbindung der l. p. und l. cl. (Nr. 556 u. 557); auch hier ist ein Nachlassen der juristischen Präcision zu beobachten; die Wiedergabe der l. p. in der l. cl. erfolgt nicht mehr mit der Genauigkeit, wie in den im Vorstehenden besprochenen Fällen, und nähert sich schon nicht unmerklich einer einfachen formlosen Mitteilung des Geschäftsabschlusses. Es folgt sodann eine Urkundungsart, bei welcher eine l. p. neben der l. cl. zwar noch ausgestellt, aber nicht mehr dem Gläubiger übergeben und nicht mehr vom Gläubiger bei Zahlung der Schuld zurückgegeben, sondern bei einem Dritten niedergelegt wird, während der Gläubiger nur die l. cl. präsentiert und die l. p. für kassiert erklärt, wenn die l. cl. eingelöst wird (Nr. 559). Schlieſslich fällt die l. p. ganz weg und es begegnet nur noch die l. cl. allein, ohne daſs in ihr auf irgend einen sonstigen

Schuldschein Bezug genommen wird, und zwar bilden Urkunden dieses Typus die gröfste Zahl der uns erhaltenen Stücke der Korrespondenz. Dafs diese Briefe wirklich literae clausae sind, ergiebt die Beschreibung der Herausgeber des Urkundenbuches; die Briefe tragen die Adresse des Lübecker Rats auf der Aufsenseite und sind mit dem Siegel des Mornewech verschlossen; dafs sie dem Gläubiger übergeben wurden, um von ihm zur Einlösung präsentiert zu werden, ergeben zwar mittels eines direkten Vermerks im Briefe selbst (latori praesentium) nur diejenigen, welche von einer l. p. begleitet sind; für die übrigen folgt es aber meines Erachtens ebenso sicher daraus, dafs einmal (Nr. 560) Mornewech den Rat auffordert „rogo vos, ut omnibus meas literas vobis apportantibus secundum tenorem earum“ etc., sowie daraus, dafs einmal (Nr. 567) der Rat aufgefordert wird, Zahlung zu leisten infra octo dies postquam vobis praesens litera praesentata fuerit, und endlich daraus, dafs bezüglich anderer Briefe von offenbar gleichem Typus wie die hier fraglichen in der Instruktion des Rates für Mornewech gesagt wird, dafs der Rat die in Brügge einzulösenden literae clausae den Gläubigern übergeben habe (vgl. Neumann S. 103).

In der Stilisierung dieser selbständigen l. cl. setzt sich die Entwickelung, zu welcher die älteren Beispiele der Korrespondenz die Ansätze boten, weiter fort. Die eigentliche Ricorsaklausel verschwindet und wird nur gelegentlich durch formlose Mitteilungen des Inhalts ersetzt, dafs der Aussteller der Urkunde beim Ausbleiben der Zahlung regrefspflichtig sei, l. cit. II Nr. 73 „quia sibi promisi, quod sine aliquo impedimento erit solutus ... si dictum Bernardum velletis in aliquo impedire . . . dictus Fredericus predictos denarios accommodaret et acquireret alicubi supra dampnum, quamuis vnus denarius constaret alium acquirendum ad vsuram, vel qualicunque modo acquirere et procurare ... posset“ [1] u. II Nr. 74 „Nullum

[1] Die Besonderheit dieser Urkunde besteht darin, dafs der Aussteller selber (vertreten durch seinen Socius) am Zahlungsorte anwesend

terminum certum nec diem sibi promisi dictam pecuniam datam; verumptamen, si placeat, dicto Tidekino taliter soluere velitis, ne obinde aliquam michi imponat culpam", gewöhnlich jedoch werden auch diese angesichts des erreichten Rechtszustandes, nach welchem (wie unten auszuführen) die Regreſshaftung durch die „Valutaklausel" begründet wird, überflüssigen Bemerkungen weggelassen. Auch der sonstige Inhalt der Stipulationsurkunden (Schuldbekenntnis und Zahlungsversprechen) verwandelt sich; das Zahlungsversprechen fällt fort, da ja die Zahlungsverpflichtung schon aus dem Schuldbekenntnis folgt und das Schuldbekenntnis nähert sich sogar bisweilen schon stark dem einfachen Empfangsbekenntnis, und schlieſslich erscheinen schon mehrere Urkunden (I Nr. 565 u. 567, II Nr. 73 u. 74), in welchen (im Gegensatz zu der älteren Form) die Zahlungsaufforderung der „Valutaklausel" vorangeht, und in welcher sich bisweilen, abgesehen von der recht weitläufigen Ausdrucksweise völlig die den ältesten italienischen lettere di pagamento (z. B. Bonaini l. c.) eigentümliche Form wieder findet.

Dieser Zusammenhang zwischen der Korrespondenz des Mornewech und den literae clausae des Kaisers Friedrich bezw. der Kaiserin Maria einerseits und den ältesten lettere di pagamento andererseits, ist kein zufälliger; wir haben, wie ich meine, in allen diesen Urkunden Beispiele der verschiedenen Stadien eines einheitlichen Entwickelungsganges vor uns. Brügge ist der Ort, wo zu jener Zeit die hansischen Kaufleute mit den italienischen zusammentrafen und deren Handelseinrichtungen kennen lernten, und insbesondere den Lübeckern waren die Einrichtungen des italienischen Geldremittierungsgeschäftes sicherlich nichts Neues, denn in den im Lb. Urk. B. III. Nr. 36 veröffentlichten Briefen des

---

sein und den Brief gewissermaſsen für Rechnung des als mitanwesend gedachten Gläubigers präsentieren will, um bei Nichthonorierung sofort seiner Regreſspflicht zu genügen; zu der Meinung, diese Urkunde beweise, daſs Mornewech seine l. cl. nicht an die Gläubiger übergeben, sondern direkt übersandt habe, ist daher kein Grund vorhanden.

(auch von Mornewech zunächst aufgesuchten) lübischen hospes Hermannus de Bursa an den Rat zu Lübeck aus dem Jahre 1299 wird die Remittierung des für den Vertreter Lübecks bei der Kurie bestimmten Salairs von Brügge nach Rom mittels regelrechter die bekannten vier Personen enthaltender italienischer lettere di pagamento als ein weiterer Erläuterung gar nicht bedürftiges Verfahren erwähnt. Dafs die Hanseaten im Verkehr unter einander, wie Mornewechs Beispiel zeigt, erst im Übergange zur regelrechten l. d. p. begriffen waren, während insbesondere die Florentiner, wie die mit Mornewechs Briefen gleichzeitige Korrespondenz der Cerchi beweist, diesen Übergang damals schon vollzogen hatten, ist natürlich kein Argument gegen den vorstehend behaupteten Zusammenhang der Entwickelung, und zwar um so weniger, als sich noch ein specieller Berührungspunkt zwischen Mornewech und den Italienern aufweisen läfst. Das vorhin bei Besprechung der Korrespondenz des Mornewech erwähnte Verfahren, die l. p. nicht zu präsentieren, sondern einem Treuhänder zu überlassen, mit der Erklärung, dafs sie kassiert sei, wenn die l. cl. honoriert ist, entspricht nämlich genau dem Verfahren des Gläubigers der ersten der beiden, bei Bonaini veröffentlichten Tratten[1]. Auch hier heifst es „quando pagate li ditti 100 fiorini d' oro fatene fare una lettera, che venga qua a compagni de' Peruczi . . . . si che ci faremo fine du carta, c'avemo fatta a detti Peruczi ricevente per lo detto Cecchino e. comp.“

Ob hier Beispiele eines generellen Übergangszustandes zwischen der von einer l. p. begleiteten und der selbständigen l. cl. vorliegen, dürfte allerdings zweifelhaft sein; die enge Verbindung der italienischen und der hansischen Entwickelung wird aber durch die Übereinstimmung beider in einer

---

[1] Schaubes Meinung (Ztschr. des Sav. R. XIV S. 115), „dafs es Praxis war, das notarielle Wechselinstrument selbst zur Honorierung zu präsentieren“, wird widerlegt durch diese beiden Urkunden, deren zweite Schaube selbst in demselben Aufsatze auf S. 123 ausführlich bespricht.

so speciellen Beziehung jedenfalls bewiesen, und die Meinung Neumanns, dafs sich die Tratte im Hansagebiete unabhängig von italienischem (oder überhaupt romanischem) Einflufs entwickelt habe, erscheint als unhaltbar. In der Form, welche sie bei Mornewech erreicht hat, begegnet dann die Tratte im Verkehr der Hansastädte im 14. Jahrhundert, insbesondere in den bei Neumann S. 124 erwähnten (jetzt Hansarecesse Bd. II S. 194 ff. abgedruckten) Lübecker Tratten auf Danzig, aus dem Jahre 1378, welche sich von den italienischen Tratten dieser Zeit im Tenor der Urkunde selber kaum unterscheiden. Dasselbe gilt auch von den, wegen der italienischen Avale auf einigen von ihnen besonders interessanten, Tratten des Peter Karbow in Venedig an Hildebrand Veckinchusen in Brügge vom Jahre 1411 bei Stieda, Hansisch-italienische Handelsbeziehungen (Urkunden Nr. 3, 6, 7, 9, 11—15, 17, 18), welche freilich durch die italienischen Vorbilder solcher Tratten unmittelbar beeinflufst sein können.

§ 2.

Die Doktrin der Postglossatoren.

Die Form des Zahlungsbriefes (lettera di pagamento) ergiebt ohne weiteres, dafs er seiner juristischen Natur nach jedenfalls eine Aufforderung des Ausstellers an den Adressaten, dem Präsentanten zu zahlen, darstellt; sie giebt aber keine Antwort auf die Frage, ob er noch eine weitere juristische Bedeutung hat, insbesondere ob durch ihn, obwohl er keine Verpflichtungserklärung enthält, und einen den Aussteller dem Valutageber gegenüber möglicherweise verpflichtenden Sachverhalt nur enuntiativ, in Form einer Mitteilung an einen Dritten, den Adressaten, erwähnt, trotzdem — gleich der heutigen Tratte, welcher ebenfalls die Verpflichtungserklärung fehlt — eine (durch die Nichtbefolgung der Zahlungsaufforderung bedingte) Zahlungsverpflichtung des Ausstellers begründet wird, und wenn diese Frage zu bejahen ist, auf welchen Rechtsgedanken diese Zahlungsverpflichtung beruht.

Im folgenden sollen die Antworten, welche die Postglossatoren auf diese Frage geben, dargelegt und das gewonnene Resultat daraufhin geprüft werden, ob es durch den Inhalt der Urkunden, der statutarischen Gesetzgebung und die sonst bekannten Nachrichten über die juristische Funktion des Zahlungsbriefes bestätigt, oder widerlegt wird. Zur richtigen Würdigung der speciell von den Zahlungsbriefen handelnden Erörterungen der Juristen ist es angebracht, zunächst einen Blick auf ihre Doktrin über die rechtliche Bedeutung des Briefes im allgemeinen zu werfen.

Der Erste, welcher ex professo die Rechtswirkungen des Briefes behandelt hat, ist, wie es scheint, Jacobus de Arena, (zuletzt erwähnt 1296), dessen Erörterung von Späteren, insbesondere von Cinus († 1336, schrieb 1311—1313) und Alb. de Rosate († 1354) wörtlich übernommen ist. Er sagt zur l. non epistolis C. de probat.: Ut breviter scias, quid operetur epistola, dico: aut epistola continet dispositionem aut enunciationem. Primo casu aut continet dispositionem super tali negotio, quod solo consensu potest fieri, ut emptio et similes contractus. Tunc mediante epistola, per quam consensus exprimitur et velut quoddam organum emittitur, contrahitur ut d. l. Labeo et d. l. consensu; aut continet dispositionem super tali negotio, quod non potest fieri solo consensu, sed desiderat aliam solennitatem, ut verborum, et tunc per epistolam nihil agitur ut D. de verb. obl.... Secundo casu, quando continet enunciationem aut continet negotii dispositi inter easdem personas et ab eisdem, tunc creditur epistolae, ut per eam probetur, ut d. l.... Aut continet enunciationem negotii dispositi ab aliquo tertio sive inter eosdem, tunc non operatur aliquid ... (über die letzte Behauptung äufsern sich Cinus und Albericus allerdings zweifelnd). Hiernach würde, da briefliche Erklärungen nur, wenn sie in dispositiver Form einen Konsensualkontrakt im römischrechtlichen Sinne zwischen dem Schreiber und dem Adressaten zum Ausdruck bringen, einen

Verpflichtungsgrund bilden und enuntiative Erklärungen überhaupt nur als Beweismittel, und auch als ein solches nur dann in Betracht kommen, wenn sie ein zwischen dem Schreiber und Adressaten abgeschlossenes Geschäft beurkunden, während sie in allen anderen Fällen jeder Rechtswirkung ermangeln, die Erklärung im Zahlungsbriefe, daſs der Aussteller Valuta bekommen habe (selbst wenn man in dieser Erklärung die Bekundung finden wollte, daſs zwischen dem Schreiber und dem Überbringer ein Rechtsgeschäft abgeschlossen sei, aus welchem die Zahlungsverpflichtung herrühre, zu deren Begleichung der Adressat aufgefordert wird), jeder Rechtswirkung entbehrt, da sie ein zwischen dem Schreiber und einem Dritten, dem Überbringer des Briefes, abgeschlossenes Geschäft in enuntiativer Form erwähnt. Diese Grundsätze wendet Baldus (1327–1400) auf die litera mercatorum in der summa zur rub. C. de constituto an: Nr. 23. „Modo quaero circa literas mercatorum, utrum inducant obligationem et dico quod sic, duobus concurrentibus sc. quod materia patiatur et quod loquantur dispositive ut D. eod l. Lucius, secus si enunciative, quia tunc probatur, sed non obligat ut D. dep. l. Publia i. f. Quaero an mercator possit revocare literas, antequam solvatur; dicendum est, quod, si sint dispositivae, non possunt revocari, secus si sint literae mandati ut D. e. l. utrum § unde falsa", und Spätere[1] haben diese seine Ausführungen wegen des letzten Satzes bisweilen auf die Tratte bezogen. Er hat jedoch schwerlich die Tratten seiner Zeit speciell im Auge gehabt, sondern handelt von einfachen kaufmännischen Bestätigungsschreiben, in welchen die Kontrahenten die Beredungen eines zwischen ihnen abgeschlossenen Geschäfts rekapitulieren; noch weniger ist anzunehmen, daſs Ia. de Are. und sein Nachfolger gerade an die „Zahlungsbriefe" gedacht haben sollten.

[1] Insbesondere Scaccia § 2 glo. 5 qu. 18 Nr. 45, der dann die selbstgeschaffene Schwierigkeit sehr unbefriedigend zu lösen sucht, indem er die Verneinung des obligare vom Ausschluſs des Rücktrittsrechts versteht, vgl. auch eod. § 2 glo. 9 Nr. 6.

Die vorstehend entwickelte Doktrin hat jedoch gerade in einer für unser Thema bedeutsamen Einzelheit, wenn auch nicht geradezu Widerspruch gefunden, so doch eine Einschränkung erfahren. Johannes Faber (Mitte des 14. Jahrhunderts) ad l. non epistl.[1] bestimmt die verpflichtende Wirkung enuntiativer brieflicher Erklärungen nicht danach, ob sie ein Geschäft zwischen dem Schreiber und Adressaten referieren oder nicht, sondern danach, ob ihnen die Intention zu Grunde liegt, ein Anerkenntnis abzugeben oder nicht. Sind solche Erklärungen directe ad confitendum abgegeben, so stehen sie dispositiven Erklärungen gleich. Schon vor ihm hatte Petrus de Bellapertica († 1308) zur l. si ex cautione C. de non numerata pecunia[2] gelehrt, dafs es bei einer Privaturkunde nicht auf die Wortfassung, insbesondere nicht darauf ankomme, ob das Schuldbekenntnis in die Form einer an den Vertragsgegner gerichteten Erklärung gekleidet sei, wenn nur die Urkunde überhaupt ein Schuldbekenntnis enthalte, und später führte insbesondere für den Fall, dafs ein Constitutum in enunciativer Form in einem Briefe enthalten ist, Raphael Fulgosius († 1427) zur l. Titius D. de consti. pec. zur l. quidam D. eod. und zur l. Publia D. depositi aus „verba enuntiativa propter se principaliter emissa etiam inter vivos inducunt dispositionem obligativam, tamen si sit talis obligatio, quac possit induci consensu, qualis est obligatio constituti: aliter inducerent probationem non obligativam", ein Gedanke, den schon die Glosse andeutet, wenn sie zur

---

[1] l. Non epistolis C. de probationibus: Distingue, aut epistola continet dispositionem aut enunciationem. Primo casu valet et contrahitur obligatio in his, quae solo consensu perficiuntur. . . . Secundo casu dic. quod aut remittitur directe ad confitendum et valet. . . . Aut non directe et tunc non valet ut hic et infr. de libe. cau. iubemus D. de pact. epistola. . . .

[2] Legem istam ego intelligo in privata indistincte, sive habeat istam formam „ego confiteor me recepisse" sive istam, „noverint universi, quod ego recepi, unde in privata debitoris non facio vim, contineatur ibi confessio debitoris, quod ipse recepit".

Rechtfertigung der Entscheidung der l. quidam D. de const. pec. im Gegensatz zur l. finalis D. de exercit. act. ausführt; „hic animum obligandi se habuit, ibi ad fidem mensae praestandum tantum scripsit“.

Auch die Ausführungen der Schriftsteller dieser Gruppe beziehen sich schwerlich auf die Tratte (wenngleich der Wortlaut es durchaus gestattet, die entwickelten Sätze auch auf solche enuntiativen Erklärungen anzuwenden, welche nicht ein zwischem dem Briefschreiber oder Urkundenaussteller und dem Adressaten, sondern ein zwischem dem Ersteren und einem Dritten abgeschlossenes Geschäft betreffen), vielmehr betreffen sie in erster Linie ersichtlich Bestätigungsbriefe über ein Geschäft zwischen dem Schreiber des Briefes und dem Adressaten, und stellen den Grundsatz auf, dafs auch enuntiative Erklärungen in solchen Bestätigungsbriefen einen Verpflichtungsgrund bilden können, wenn sie in Verpflichtungsabsicht abgegeben sind. Es liegt ihnen die Beobachtung zu Grunde, dafs sich der Verkehr der Form eines Briefes in Fällen bedienen kann, in welchen der Zweck des Schreibens nicht der ist, dem Adressaten eine ihm bisher unbekannte Mitteilung zu machen, sondern der, in Form einer brieflichen Mitteilung ein zwischen dem Schreiber und dem Adressaten abgeschlossenes Rechtsgeschäft und insbesondere die Verpflichtung des Schreibers des Briefes aus diesem Rechtsgeschäft zu beurkunden und dafs diese Briefe natürlich nicht als das, was sie ihrer Form nach sind, nämlich als Mitteilungen von Neuigkeiten, sondern als das, was sie der Sache nach sind, nämlich als Verpflichtungsurkunden in enuntiativer Form, zu behandeln sind.

Zur Orientierung über die Lehre der Postglossatoren von der Möglichkeit, sich im allgemeinen durch Briefe zu verpflichten, dürften diese Bemerkungen genügen; wir wenden uns jetzt zur Besprechung einiger speciell von Briefen bei Geldremittierungen handelnden Stellen. Der Gebrauch von Briefen im Geldremittierungsverkehr wird, soweit ich sehe, zuerst erwähnt bei Odofredus zur l. hoc edicto D. de consti. pec. Die Stelle[1] lautet: Et nota, quod iste titulus est levis sed bonus et utilis scolaribus, si sciunt reducere ad practicam. Scolares sunt bononiae; mercatores recipiunt pecuniam in nundinis, veniunt mercatores et mictunt scolaribus licteras. „sciatis, quod recepimus C libras turonenses, quae solvam vobis bononiae tali die“, ex ista lictera obligantur vobis de constituta pecunia . . ., quia constituitur nudo pacto ex causa praecedenti et constituitur debitum, secus si constitueretur debitum civiliter tantum.

Odofredus stellt hier eine von ihm beobachtete Einrichtung des Geldremittierungsverkehrs seiner Zeit dar des Inhalts, dafs Kaufleute, welche die Besorgung von Geldrimessen übernommen haben, sich durch nach auswärts gesandte Urkunden in Briefform, welche ein Empfangsbekenntnis und ein Zahlungsversprechen enthalten, demjenigen gegenüber, an welchen das Geld ausgezahlt werden soll, verpflichten und konstruiert diese im Verkehr geltende Verpflichtung aus dem römischen Rechte. Odofredus kennt den auf aequitas canonica bezw. mercatoria beruhenden Rechtssatz, dafs aus einem formlosen obligatorischen Vertrage gehaftet wird, noch nicht; er setzt vielmehr das römische Kontraktsystem als geltend voraus, nach welchem (ebensowenig wie nach longobardischem Rechte) die blofse Schriftlichkeit allein einen Verpflichtungsgrund nicht bildet, und mufs deshalb den von ihm beobachteten Verkehrsgebrauch unter eine der römischen Vertragskategorien einreihen. Die Konstruktion der Verbindlichkeit des Briefausstellers als constitutum besagt weiter nichts, als dafs ein besonderes Versprechen, eine anderweitig begründete Schuld zu erfüllen, einen Verpflichtungsgrund bildet; und dürfte dem Inhalt des als im Verkehr geltend vorausgesetzten Rechts völlig gerecht

[1] Geschrieben (oder richtiger, von einem Scholaren nachgeschrieben) ist diese Stelle wohl im Jahre 1245; Odofr. erwähnt kurz vorher zur l. cum quid D. de reb. cr., dafs in Bologna seit neun Jahren eigene (Silber)-Münzen geprägt wurden, und die Münze zu Bologna wurde 1237 eröffnet; cf. Savigny, R. R. i. M. III S. 619.

werden. Das römische Constitutum ist an keine Form gebunden; es kann unter Abwesenden insbesondere auch brieflich zustande kommen[1]; zu seiner Gültigkeit genügt eine Naturalobligation und Odofredus gewinnt durch diese Konstruktion zugleich einen Gesichtspunkt für die Haftung aus dem Briefe selber, im Unterschiede von der Haftung aus dem Remittierungsvertrage. Es bedarf übrigens wohl keines Hinweises darauf, dafs der von Odofredus mitgeteilte Brief keine lettera di pagamento ist; er ist nicht an denjenigen, der zahlen, sondern an den, der die Zahlung empfangen soll, gerichtet, enthält statt der Zahlungsaufforderung ein Zahlungsversprechen, und das Schuldbekenntnis ist gegenüber dem Vertragsgegner nicht, wie bei dem Zahlungsbriefe, einer dritten Person gegenüber abgegeben. Ein Brief der von Odofredus angegebenen Stilisierung, der den Thatbestand des Remittierungsgeschäftes enthält, (vom Jahre 1199) findet sich bei Rymer, foedera I. S. 115[2];

---

[1] cf. Odofr. in l. si pro alieno C. de consti. pecu. „Et nota, quod ad hoc, ut habeat actio de consti. pecu. tria sunt necessaria. Primum ut quis constituat, se soluturum nudo pacto, non per stipulationem promittendo, quia tunc tenetur iure civili ex stipulatione vel certi condictione generali. Sed si constituit nudo pacto, iure praetorio tenetur actione de constituto, quod est extra regulam, quia ex nudo pacto non datur actio etc. Als Stipulation kann deshalb die Verpflichtung aus diesem Briefe nicht konstruiert werden. Odofredus ist sich des Unterschiedes solcher Briefe und der „Eigenwechsel“ sehr wohl bewufst; letztere sind Stipulationsurkunden (cf. Odofr. zur l. si absentis C. si cer. pet. Ita dicit mercator: mutuo tibi C, quae reddes Florentiae societati meae, tota die dicunt dominae: mutuo tibi C, quae reddas Bononiae filio meo, qui ibi est in studio).

[2] Johannes Dei gratia Rex etc. „Dilectis amicis suis Speren. Bagareton. et eorum sociis mercatoribus Placentinis salutem.

Sciatis, quod vobis solvere volumus 2000 marcarum et 125 marcas, quas pro amore bonae memoriae Regis Ricardi fratris nostri et ex mandato ipsius mutuo concessistis Wilhelmo Andeg. R. Bangorens. Episcopis et Stephano Ridel ad negotium carissimi nepotis nostri illustris regis Othonis, in curia Romana faciendum. Ideoque vobis praesentibus literis in tantam pecuniam nos obligamus, promittentes, quod ad proximum festum Scti Michaelis post coronationem nostram

ob aber wirklich Briefe dieses Typus im Verkehr in gröfserem Umfange vorkommen, und ob Odofredus nicht etwa Zahlungsbriefe hat schildern wollen, sich aber von ihnen eine irrige Vorstellung gemacht hat, mag dahingestellt bleiben. Mir scheint letztere Annahme nicht ausgeschlossen; ist sie richtig, so würde die Darstelllung des Odofredus den Beweis liefern, dafs bereits zu seiner Zeit die Haftung des Ausstellers eines Zahlungsbriefes im kaufmännischen Verkehr anerkannt war.

Auf diese Stelle des Odofredus bezieht sich Durantis in seiner bekannten Erörterung im Speculum lb. IV p. III tit. de obl. et act. „Pone, mercator quidam in Montepessulano residens misit quandam suam epistolam sociis suis Bononie morantibus, vel forte scripsit universis sub hac forma: „Noveritis me recepisse a tali dante nomine A. scholaris Bononie residentis 100 lib. turon. quas promisi per me et meos socios vel societatem meam reddere Bononie prefato scholari, vel tot lib. bonon. que tantundem valent, habita cambii ratione.“ Erat autem iste mercator procurator sue societatis: nunc queritur, utrum scholaris possit ex talibus literis agere contra ipsum mercatorem vel contra eius societatem. Super quo dicunt quidam, quod sic, actione de constituta D. de pac. si unus, D. de neg. gest. si pupilli § si quis et Inst. mand. in princ. qua actione agi potest sive fiat constitutio inter praesentes sive inter absentes ut D. de const. pec. l. qui autem i. f. et l. seq. secundum Odof. Alii

vobis vel certi nuntio vestro praesentes literas afferenti et exhibenti 625 marcas apud Scaccarium nostrum in Anglia solvi faciemus.

Et ad proximum sequens Pascha 500 marcas ibidem.

Et post modum in sequenti Festo Sancti Michaelis 500 marcas ibidem.

Et sic ad proximum sequens Pascha 500 marcas similiter ad scaccarium nostrum in Anglia solvi faciemus vobis vel certo nuncio vestro literas obligationis nostrae exhibenti.

Et nihilominus ita vobis in gratiarum actione pro benigna expectatione vestra favente Domino respondeamus, quod expectatio vestra nobis non videbitur onerosa. Teste meipso apud Rothom. 25 die Augusti.

dicunt ei dari actionem neg. gestorum per prae. l. si pupillus. Sed etsi dicatur, dari condictionem ex moribus vel ex consuetudine, non est reprehensibile ut l. de const. pec. l. II i. f. De consuetudine enim creditur literis sigillatis praesertim contra sigillantem et facit ad boc quod not. in prae. l. si pupillus § item si procurator", welche er übrigens, wie die im Zusammenhange bei ihm sinnlosen Schlufsworte andeuten, anderswoher wahrscheinlich aus einem Pandektenkommentar abgeschrieben hat.

Durantis bespricht hier, wie die Ubereinstimmung aller typischen Bestandteile des von ihm gegebenen Formulars mit den, unter § 1 dieses Abschnittes besprochenen Urkunden insbesondere z. B. mit dem Briefe des Mornewech Lüb. Urk. B. I. 557, zeigt:

Durantis:	Mornewech:
Noveritis, me recepisse a tali dante nomine A. scholaris Bononiae residentis C. libras turonensium, quas promisi per me et meos socios vel societatem reddere Bononiae praefato scholari vel tot lib. bon etc.[1].	Vestrae discretae honestitati notum facimus, quod in Brugis recepimus ad utilitatem vestram de N. et O. latoribus praesentium 150 m. sterl. per 100 sol. pro quibus denariis ipsis promisimus dare et solvere Lübecke infra quindinam postquam praedicti N. et O. venerint in Hamborch sine dilatione etc.

[1] Während alle Ausgaben des Durantis das bekannte Formular übereinstimmend enthalten, findet es sich bei Jason de Mayno (1435 bis 1509) in der grofsen Repetition zur l. admonendi D. de iureiur. in folgender Form: Noveritis, me hac die recepisse ducatos C mihi actualiter numeratos per Titium nomine talis scolaris, qui de praesenti Bononiae studet, quos (visis praesentibus) statim eidem numerabitis habita ratione cambii. Es ist wohl nicht zweifelhaft, dafs Jason das Formular des Durantis willkürlich der in seiner Zeit gebräuchlichen Form der Tratte angenähert hat, indem er das enuntiative Zahlungsversprechen (quas promisi solvere) entfernte und durch die bei Durantis fehlende Zahlungsaufforderung ersetzte. Ob Durantis

die juristische Natur der oben in praktischen Beispielen nachgewiesenen litera clausa.

Zurückzuweisen ist die Meinung Schaubes (Zeitschr. der Sav. Stift. Rom. Abt. XIV S. 112 fg.), dafs D. hier nicht „einen der lebendigen Praxis direkt entlehnten Fall“ behandle, sondern sich eine Urkunde „für sein besonderes thema probandum konstruiert“ habe, dafs er „in losem Anschlufs an die zu seiner Zeit üblichen Formen des schriftlichen Kreditverkehrs“ „sich selber eben nur für den Zweck seiner Erörterungen einen besonderen Fall zurechtgeschnitten“ habe. Zweck und Inhalt der Erörterung des Durantis ist nicht etwa die Darlegung theoretischer Grundsätze etwa über die Rechtsnatur oder Rechtsfolgen der confessio, sondern die Beantwortung der Frage, wie ein Rechtssatz des Inhalts, dafs aus Briefen des von ihm mitgeteilten Typus ein Anspruch gegen den Aussteller und seine Socien entstehe, römischrechtlich zu begründen sei. Diesen Rechtssatz versucht er auf die verschiedensten Arten zu konstruieren. Zunächst weist er, unter Berufung auf Odofredus[1] l. c.

diese Zahlungsaufforderung nur deshalb weggelassen hat, weil sie für den Zweck seiner Erörterungen, die Haftung des Ausstellers (und seiner Socien) aus einer solchen Urkunde zu begründen, nicht in Betracht kam, mag dahingestellt bleiben; jedenfalls aber ist hervorzuheben, dafs in der Praxis auch Briefe des hier besprochenen Typus begegnen, in welchen die Zahlungsaufforderung fehlt (cf. Schaube, Zeitschr. f. H. XLIII S. 41), und dafs eine solche Zahlungsaufforderung im Falle des Durantis ganz überflüssig ist, da, wenn aus dem Briefe überhaupt eine Verpflichtung begründet ist, diese von den Socien des Ausstellers, als deren procurator der Aussteller gehandelt hat, auch ohne dafs sie eine Zahlungsaufforderung angenommen hätten, ebenso erfüllt werden mufste, wie vom Aussteller selbst.

[1] Die Berufung auf Odofredus erklärt sich wohl daher, dafs Urkunden der von Durantis gegebenen Art im Remittierungsverkehr dieselbe wirtschaftliche Funktion versehen wie die von Odofredus aufgeführten. Wird eine Geldrimesse nach auswärts von einem Einzelkaufmann übernommen, der sie selber erfüllen will, so verpflichtet er sich dem Empfänger durch einen Brief, wie ihn Odofredus giebt; wird sie von einer Societät übernommen, welche selber erfüllen will,

nach, dafs die Urkunde ein Konstitut enthalte; sodann erwähnt er die Meinung anderer, dafs die Haftung aus der Urkunde begründet sei nach dem Rechte der negotiorum gestio und leitet endlich die Haftung aus einem kaufmännischen Gewohnheitsrecht her. Dafs man die Haftung des Ausstellers einer selbstkonstruierten Urkunde nicht mit der Behauptung rechtfertigt, dafs sich solche Haftung aus einem kaufmännischen Gewohnheitsrechte ergebe, ist klar, und ebenso klar zeigt die vorstehende Nebeneinanderstellung einer der „lebendigen Praxis“ entnommenen Urkunde mit dem Formular des Durantis, wie weit die Übereinstimmung Beider geht. Ob man diese Übereinstimmung als mehr oder weniger lose bezeichnen will, ist ebenso gleichgültig, wie es müfsig ist, darüber Betrachtungen anzustellen, ob Durantis seine Urkunde dadurch gewonnen hat, dafs er aus einer speciellen Einzelurkunde individuelle Besonderheiten wegliefs, bezw. eine solche Urkunde ungenau abschrieb, oder ob er einfach den ihm bekannten Typus der im Verkehr gebräuchlichen Urkunden wiedergab, ohne sich an eine specielle Einzelurkunde anzulehnen. Es ist durchaus unzutreffend, wenn Schaube meint, dafs wir, sobald nachgewiesen wird, dafs Durantis keine specielle Einzelurkunde wiedergiebt „den Boden unter den Füfsen völlig verloren haben“, denn zwischen der Wiedergabe einer Einzelurkunde und der Komposition einer frei erfundenen Urkunde sind noch eine ganze Reihe Zwischenstufen. Die irrige Meinung Schaubes ist, wie es scheint, zunächst dadurch hervorgerufen, dafs er das Formular des Durantis mit den italienischen lettere di pagamento verglich, von welchen es freilich erheblich abweicht, und seine Verwandtschaft mit den, schon als Schaube seine Abhandlung schrieb, aus der Korrespondenz des Mornewech bekannten Urkunden (literae

so verpflichtet diese sich dem Empfänger gegenüber durch einen Brief, wie ihn Durantis giebt. Über diese Gemeinsamkeit des wirtschaftlichen Zweckes geht aber die Ähnlichkeit beider Arten von Briefen nicht hinaus.

clausae) nicht bemerkte. Hätte er den Zusammenhang beider bemerkt, so würde er auch die Erklärung dafür gefunden haben, dafs Durantis es „anheimstellt, ob wir uns dem Brief des Kaufmanns in Montpellier an seine Socii in Bologna, oder an universi gerichtet, denken wollen.“ Gerade diese von Durantis offen gelassene Alternative bietet einen Beweis dafür, dafs Durantis eine Einrichtung des Handelsverkehrs seiner Zeit bespricht. Mit dem Brief an universi, dessen dem mitgeteilten Briefe gleichlautender Inhalt die gleiche Rechtswirkung haben soll, wie der an die Socien gerichtete Brief meint nämlich Durantis die litera patens, deren dispositiver Inhalt in der litera clausa in enuntiativer Form wohl auch zur Zeit des Durantis bisweilen noch wie in den Briefen Kaiser Friedrichs II. wörtlich wiedergegeben wurde. Durantis weist darauf hin, dafs bisweilen zu seiner Zeit die l. cl. noch den Inhalt der lit. patens wörtlich reproduzierte. Schaube irrt auch hier, wenn er litera patens ohne weiteres mit Kreditbrief übersetzt.

Was Schaube sonst noch anführt, um seine Meinung zu stützen, ist gleichfalls hinfällig, abgesehen davon, dafs es, selbst wenn es zutreffend wäre, von sehr geringer Beweiskraft sein würde. So soll der rein theoretische Zweck der ganzen Erörterung des Durantis daraus ersichtlich sein, dafs sie mit dem Worte „Pone“ eingeleitet wird (!), und daraus, dafs ihr Inhalt im Summarium dahin zusammengefafst wird: „Literas habens confessionem debiti continentes, an per eas possit agi pro solutione.“ Das Summarium aber rührt gar nicht von Durantis, sondern vom Herausgeber der von Schaube benutzten Ausgabe her.

Wir wenden uns nunmehr zur juristischen Analyse der Erörterungen des Durantis. Er setzt ohne weitere specielle Erwähnung voraus, dafs der Brief dem Scholaren, der Klage erheben will, übergeben worden ist; eine Thatsache, die ja auch keiner weiteren Erwähnung bedurfte, da die Übergabe solcher Briefe an den Gläubiger im Verkehr ausnahmslos war [1], und führt zunächst aus, der Aussteller und seine Socien hafteten einmal nach den Grundsätzen des Konstituts, und sodann nach den Grundsätzen der neg. gestio. Ein Konstitut, ein Zahlungsversprechen, findet sich allerdings in den Worten, quos promisi solvere per me etc., ausgedrückt, und ebenso enthält der ganze Inhalt der Mitteilung den Thatbestand der l. si pupilli § si quis D. de neg. gest. (der Aussteller hat pecuniam perferendam scholari übernommen, und daraus erwirbt der Scholare nach jener Quellenstelle die actio neg. gestorum), aber das Zahlungsversprechen sowohl, wie der Thatbestand der nützlichen Geschäftsführung sind nicht durch positive Erklärung gegenüber dem Vertragsgegner sondern in Form der Mitteilung an einen Dritten zum Ausdruck gebracht. Soll sich auf solche Mitteilung der Briefinhaber dem Briefaussteller gegenüber berufen dürfen, so heifst das nichts anderes, als dafs diese Mitteilung nicht das ist, als was sie sich ihrer Form nach zunächst darstellt, nämlich eine informatorische, an den Adressaten des Briefes gerichtete, Erklärung, sondern dafs sie vielmehr ein, dem Empfänger gegenüber abgegebenes Erfüllungsversprechen nebst Schuldbekenntnis ist. Zur Verdeutlichung dieses auf den ersten Blick vielleicht gekünstelt erscheinenden Gedankenganges des Durantis möge hier darauf hingewiesen sein, dafs in genau derselben Weise etwa 300 Jahre später in einem gleichliegenden Falle die genuesische Rota (Dec. 57) die Verpflichtung des Ausstellers einer Urkunde gleicher Art begründet. Greg. Imperialis legte der Rota

[1] Warum, wie Schaube meint, wegen des Fehlens der Zahlungsaufforderung die Annahme ausgeschlossen sein sollte, dafs der Brief dem Gläubiger übergeben sei [das Gegenteil geht ja aus den Erörterungen des Durantis mit Sicherheit hervor, denn „ex talibus literis“ kann natürlich nur klagen, wer die litera mit dem Willen des Gläubigers erhalten, nicht aber, wer sie etwa gestohlen oder gefunden hat], ist nicht einzusehen. Eine später von Schaube beigebrachte l. cl., in der die Zahlungsaufforderung fehlt (Zeitschr. S. 41), befindet sich auch in den Händen des Gläubigers infolge Übergabe durch den Schuldner.

einen Brief des Augustinus de Riparola an Baptista Giustiniani vor, in welchem Augustinus dem Baptista mitteilte, er, Augustinus, sei Schuldner des Gregorius, und den Baptista, an welchen er angeblich eine gröfsere Forderung hatte, aufforderte, die Schuldsumme an Gregorius auszuzahlen. Baptista kam der Aufforderung nicht nach, und Gregorius erhob Klage gegen den Augustinus, indem er zum Beweise seiner Forderung an den Beklagten sich auf die im Briefe enthaltene Mitteilung berief. Zu solchem Beweise erklärte die Rota diese Mitteilung allerdings für geeignet „Quae literae licet tertio scriptae sint, cum tamen principaliter sint scriptae ad confitendum debitum, et ut ipsi creditori satisfieret pro dicto debito: concludendum est, quod probent, et fidem faciant.“ Wenn ein Freund einem Freunde eine Neuigkeit mitteile, so liege die Sache freilich anders, als im vorliegenden Falle etc. Es wird auf Grund dieser Erwägungen festgestellt, dafs die Mitteilung im Briefe des Augustinus als einfache Privatskriptur einen halben Beweis liefere wie jede andere Privatskriptur. In diesem Punkte nun unterscheidet sich der Rechtszustand, welchen Durantis voraussetzt, von dem zur Zeit der Entscheidung der Rota geltenden. Durantis macht nämlich als, wie er sich ausdrückt, dritten Gesichtspunkt für die Begründung der Haftung des Briefausstellers das Bestehen eines kaufmännischen (Durantis benennt als Personen, gegen welche die Haftung begründet wird, nur Kaufleute und Handelsgesellschaften) Gewohnheitsrechts geltend, nach welchem ein gesiegelter Brief vollen Beweis liefert, besonders gegen denjenigen, der ihn gesiegelt hat. Der Ausdruck des Durantis ist hier (wie auch an anderen Stellen dieser ganzen, nach Weise der Darstellung jener Zeit das Wesentliche oft nur skizzenhaft andeutenden Erörterung) ungenau und irreführend; Durantis will ersichtlich nicht eine selbständige Begründung der Haftung des Ausstellers geben (denn damit eine Verpflichtung als voll bewiesen gelte, mufs zuvor feststehen, dafs und weshalb sie überhaupt bestehe; dafs ein verpflichtender Inhalt überhaupt vorhanden sei), sondern seine Worte sind als Ergänzung der vorhergehenden Ausführungen gedacht, und legen dar, dafs die urkundliche Form (besiegelter Brief), in welcher der Schuldgrund, das constitutum etc. erscheint, die Wirkung hat, dafs dieser Schuldgrund als voll bewiesen gilt, sodafs also ein Zurückgehen auf einen anderen Verpflichtungsakt als die Urkunde nicht erforderlich ist, um die Klage zu begründen. Die consuetudo, von welcher Durantis redet, der Satz, dafs Privatskripturen der Kaufleute vollen Beweis erbringen, ist die Vorstufe zu dem späteren Handelsgewohnheitsrecht, dafs aus solchen Skripturen der Exekutivprozefs stattfindet, und als Zeugnis für diese Vorstufe des späteren Satzes, mittels welches sich das Recht der lettera di pagamento überhaupt zu dem entwickelt hat, was es als heutiges „Wechselrecht" geworden ist, ist die Erörterung des Durantis m. E. sehr beachtenswert. Wie nahe Durantis dem Verkehrsleben steht, und dafs er lediglich praktische Zwecke mit seiner Erörterung verfolgt, beweist die Thatsache, dafs unter den bis jetzt bekannten ältesten literae clausae, die Briefe der Kaiserin Maria, die Briefe des Mornewech und die Lübecker Tratten von 1378 sich ausdrücklich als gesiegelte Briefe bezeichnen, ja, dafs noch im Jahre 1411 Peter Karbow eine seiner Tratten mit Siegel versieht[1].

Die Doktrin der Postglossatoren über den Grund der Haftung des Ausstellers einer lettera di pagamento di

[1] Es sei gestattet, für die analoge Entwickelung des mit dem im Text erwähnten parallel gehenden Satzes, dafs die Handlungsbücher volle Beweiskraft geniefsen, aus welchem Satze sich alsdann gleichfalls später die exekutive Kraft der Eintragungen in diese Bücher entwickelt hat, ein Zeugnis des Odofredus anzuführen. Er sagt zur l. receptitia C. de consti. pecu.: Nota si campsores vel mercatores habuerunt vel habent talem consuetudinem, ut, quod scribunt in libro suo, perinde habeatur, ac si esset debitum approbatum, quod in talibus eorum consuetudines sunt servandae ut hic. et ad hoc arg. D. de edendo l. quaedam i. f. Unde est haec litera in argumento pro scolaribus contra campsores et mercatores, quod, si invenitur in libris suis, eos debere aliquid scholaribus, quod illi scripturae stetur.

cambio ist nichts weiter, als eine Anwendung der vorstehend entwickelten von Durantis für die litera clausa aufgestellten Grundsätze, ein weiterer Beweis dafür, dafs in der That die lettera di pagamento, und zwar besonders ihre Unterart, die lettera di pagamento di cambio, sich aus der litera clausa entwickelt haben.

So wird in den Anmerkungen, welche Johannes Andreae (schrieb 1346) und Baldus zum Speculum geschrieben haben, zu dieser Stelle gesagt „si mercator confitetur, se recepisse et se teneri in literis, quas scribit sociis eius, an inde oriatur actio de constituto (§ praenotandum vers. pone mercator) quem § bene nota pro literis cambii mercatorum, et tene bene menti, quia est valde notabilis“. Der Annotator meint ersichtlich, D. selber habe noch nicht von der l. pagamenti cambii gesprochen, sondern einen allgemeinen Rechtssatz für jede Urkunde eines solchen Typus statuiert, und er, der Annotator, macht erst die Anwendung dieses Rechtssatzes auf die litera cambii.

Ebenso, wenn auch ohne Bezugnahme auf Durantis, hat Baldus die Haftung des Trattenausstellers in seinem berühmten consilium I 348 begründet. Er bespricht dort u. a. die rechtliche Natur sowohl des der Trattenausstellung zu Grunde liegenden Geschäfts, des cambium, als auch die rechtliche Natur der Tratte selber. Die Tratte, auf welche sich seine Bemerkungen beziehen, lautet: Pagate per questa prima litera a di IX. de octobr. a Luca de Goro lb. XLV, sono per la valuta qui da Masio Rena, al tempo li pagate e ponete a mio conto e ragione. Che Christo vi guardi. Bonromeo de Bonromeis salute di Milano a di IX de Marzo 1385. Auf der Aufsenseite: Alexander de Bonromeo e Domenico de Andrea in Venezia. Prima de lb. XLV.

Baldus erklärt das cambium unter ausdrücklicher Berufung auf die Anschauung der Kaufleute für ein Kaufgeschäft über eine Geldsumme, die literae aber, die Tratte nämlich, sind literae constitutae pecuniae, ein Konstitut in Briefform. Diesen Gedanken führt er im einzelnen dahin aus: die erste kontrahierende Person (der Remittent Masio Rena) ist diejenige, welche die Verpflichtung begründet (ponitur tanquam fundamentum causae), die zweite Person (der Präsentant Luca de Goro), welche nach dem Empfang des Geldes in Thätigkeit tritt, ist diejenige, welche die Verpflichtung realisiert (secunda autem persona post receptionem pecuniae apponitur tanquam effectus). Hierbei können zwei Fälle vorkommen. Entweder nämlich ist der Anspruch (aus dem Konstitut) für die zweite Person (den Präsentanten) durch Willenserklärung des Remittenten, als seines Vertreters, zur Entstehung gelangt[1]; beim Konstitut kann ja auch unter Abwesenden und durch einen Brief ein Anspruch erworben werden; oder die zweite Person (der Präsentant) ist in seiner Eigenschaft als Zahlungsempfänger Beauftragter des Remittenten. Im Zweifel ist das letztere der Fall, der Remittent gilt als der eigentliche Kontrahent und der Präsentant als sein Beauftragter. „Zu bemerken ist", heifst es dann weiter „dafs in der Urkunde kein Zahlungsversprechen zum Ausdruck gebracht ist, weder in persönlicher noch in unpersönlicher Ausdrucksweise[2]; dies Versprechen wird vielmehr „subintellegiert", und zwar als dem Valutageber persönlich gegeben, als Versprechen zu zahlen." Zum Verständnis dieser Ausführung ist folgendes zu bemerken. Die l. di cambio zur Zeit des Baldus, und insbesondere die von Baldus besprochene Urkunde, enthält nicht mehr wie die litera clausa eine mehr oder weniger ausführliche Darlegung des Geschäfts, zu dessen Effektuierung der Brief dienen soll, und insbesondere nicht mehr das enuntiative Erfüllungsversprechen,

[1] Dies ist der Fall, welchen Durantis voraussetzt, bei welchem der Valutageber als Vertreter des Präsentanten, des Scholaren in Bologna, auftritt.

[2] Der Gegensatz von persönlicher und unpersönlicher Ausdrucksweise ist natürlich nicht zu verwechseln mit dem Gegensatz von direkter und enuntiativer Redeform. Die auth. si quando C. de const. pecu. verlangt für das Konstitut persönliche Ausdrucksweise, verbietet aber nicht enuntiative Redeform und steht daher der Rechtswirksamkeit der Erklärung in der Tratte nicht entgegen.

welches bei Durantis in den Worten „quos promisi solvere“ vorhanden war, sondern sie enthält nur eine einfache Bestätigung des Empfanges der Valuta „sono per la valuta qui da Masio Rena“ und Baldus sagt nun, daſs das in diesem in Verpflichtungsabsicht abgegebenen Empfangsbekenntnis enthaltene jedoch nicht expressis verbis ausgedrückte Erfüllungsversprechen subintellegiert werden müsse. Wie Baldus dies Subintellegieren versteht, zeigt seine Ausführung zu l. contractus C. de fide instrum.: si scriptura continet assertionem, v. g. ita scriptum est, ego Baldus confiteor, me debere Titio X ex causa depositi, si tamen non est aliquod verbum promissivum, utrum ista scriptura sit completa. Et videtur quod non, quia deficit illud, quod est principale sc. principale verbum promitto, nec in contractu scripto aliud potest subaudiri, quia nullam recipit suppletionem, nam est addere formae. Contrarium videtur, quia per ista verba constat fieri probationem, si de probatione quaeratur . . . immo etiam si de contractu quaeratur, emanaverunt ista verba animo contrahendi, subauditur verbum compromissivum . . . . . . nec debet dici oratio imperfecta, cum eius intellectus ex verbis intellegi possit . . Item hoc non est supplere sed intelligere et nulla est oratio, quae proprium sensum et intellectum repudiet etc. Baldus redet also nicht davon, daſs „ex aequitate mercatoria in der Tratte das Wechsel-(Regreſs-)Versprechen des Trassanten subintellegiert“ (Goldschmidt, Universalgesch. S. 446) d. h. ein nicht abgegebenes Garantieversprechen hinzufingiert wird, sondern nur davon, daſs das Erfüllungsversprechen, welches in dem Verpflichtungsschein in Empfangsbekenntnisform enthalten ist, als solches erkannt wird. Dies ist eine reine Auslegungsthätigkeit und eine aequitas, oder gar eine aequitas mercatoria, kraft welcher eine neue Rechtswirkung suppliert würde, braucht hier gar nicht herangezogen zu werden, und von ihr redet Baldus gar nicht, sondern es wird einfach der Sinn der von den Parteien gewählten Ausdruckweise klargelegt.

Die Subintellegierung eines Regreſsversprechens ist auch

hier ganz überflüssig, denn, dafs der Konstituent, wenn er sein Versprechen nicht erfüllt, auf Schadenersatz wegen Nichterfüllung haftet, ist eine unausweichliche Rechtsfolge des Vorliegens eines Constitutum, und braucht nicht erst mit Berufung auf eine aequitas mercatoria begründet zu werden.

Die von Durantis und Baldus entwickelte Doktrin haben die Späteren einfach wiederholt; neue Gesichtspunkte treten in den Besprechungen unseres Themas nicht hervor. Man vergleiche insbesondere Jason zur l. admonendi D. de iureiurando, repetitio II Nr. 112 ff. und Boerius dec. II Nr. 270 am Schlufs.

§ 3.

Prüfung der Doktrin an der Hand der Urkunden und Statuten.

Der romanistischen Form entkleidet, besagt die Doktrin der Postglossatoren, dafs die Haftung des Trattenausstellers darauf zurückzuführen ist, dafs die Valutaklausel der Tratte nicht das ist, als was sie äufserlich erscheint, nämlich eine Mitteilung des Ausstellers an den Trassanten, sondern dafs sie vielmehr eine an den Remittenten gerichtete Verpflichtungserklärung ist, des Inhalts, dafs der Aussteller das der Ausstellung zu Grunde liegende Schuldverhältnis, bei der lettera di cambio also den Remittierungsvertrag, zu erfüllen verspricht. Weil diese Verpflichtungserklärung darin, dafs sie auf eine frühere, durch Abschlufs des der Ausstellung zu Grunde liegenden Vertrages begründete, Verbindlichkeit sich bezieht, sowie darin, dafs sie formlos in römischrechtlichem Sinne d. h. ohne an eine der römischrechtlichen Vertragsformen gebunden zu sein (insbesondere auch unter Abwesenden) zu stande kommt, mit dem antiken constitutum übereinstimmt, wird sie von den Juristen als Konstitut konstruiert.

Es ist nunmehr zu erörtern, ob die dieser Konstruktion zu Grunde liegende Anschauung über die Natur und Funktion der Valutaklausel nur ein durch logische Abstraktion aus der Thatsache, dafs im Verkehr der Trattenaussteller bei

Nichteinlösung der Tratte haftete, gewonnener Satz ist, oder ob und in wie weit sie den historisch richtigen Grund, aus welchem sich diese Haftung im Verkehr entwickelt hat, wiedergiebt.

Zunächst dürfte so viel klar sein, dafs die blofse enuntiative Erwähnung des Valutaverhältnisses in einer Anweisung (dies Wort im Sinne des Art. 300 des H. G. B. genommen) nicht ohne weiteres den Schlufs gestattet, dafs diese Anweisung auch ein Schuldschein sei (cf. auch Goldschmidt S. 431), denn eine solche Erwähnung ist zunächst nichts als eine Mitteilung dieses Valutaverhältnisses an den Assignaten und kann zu den verschiedensten Zwecken geschehen. Daher ist auch m. E. unzweifelhaft, dafs die oben besprochenen Brevia de liberate, trotzdem die Erwähnung des Valutaverhältnisses zu ihren ausnahmslosen typischen Bestandteilen gehört, keine Schuldscheine sind, sondern reine Anweisungen. Ihre juristische Funktion ist lediglich die einer vom Könige für seine verwaltungsrechtlichen Beziehungen zu den Baronen des Exchequer festgesetzten Form, um die Barone des Exchequer zur Leistung von Zahlungen für Rechnung des Königs zu autorisieren; die Valutaklausel hat hier nur den Zweck, die zu leistende Zahlung durch Angabe des Schuldgrundes zu individualisieren, damit Verwirrungen in der Buchführung vermieden und die Übereinstimmung der Buchungen des Exchequer und der königlichen Kanzlei festgestellt werden kann.

Anders liegt die Sache schon bei den Briefen des Kaisers Friedrich an seine sicilianischen Beamten. Dem oben näher dargelegten Zwecke der Individualisierung durch Angabe des Schuldgrundes genügt vollständig eine kurze formlose Bezeichnung des Geschäfts, aus welchem die Anweisung hervorgegangen ist, und solche formlose Bezeichnung findet sich ja thatsächlich nicht nur in den für den inneren Verwaltungsdienst bestimmten Anweisungen, sondern auch in denjenigen, von einer l. p. begleiteten „geschlossenen Briefen“ welche nachträglich ausgestellt werden, um einen anderen als den ursprünglich bezeichneten Beamten zur Ableistung der

Zahlung aufzufordern (cf. z. B. Huillard-Bréh. V S. 456, 551, 553 etc.). Wenn nun in den mit der l. p. zugleich ausgestellten l. cl. an die Stelle dieser kurzen Angaben eine wörtliche Wiedergabe des Schuldscheines, der l. p., tritt, so ist die Vermutung gewifs gerechtfertigt, dafs diese Art, den Schuldgrund anzugeben, eine andere Funktion erfüllen soll als die einer blofsen Information des Angewiesenen zwecks Individualisierung der Anweisung. Fragt man weiter, welches denn diese Funktion sei, so ergiebt sich als die nächstliegende Antwort die, dafs durch die wörtliche Wiedergabe des Schuldscheins der Urkunde eben diejenige Wirkung verliehen werden soll, welche der Schuldschein selber hat, d. h., dafs mittels der l. cl. ebenso dem Gläubiger gegenüber ein Schuldanerkenntnis und Schuldversprechen abgegeben werden soll, wie es durch die l. p. zweifellos geschieht. Es liefse sich daher sehr wohl die Frage aufwerfen, ob nicht schon die l. cl. des Kaisers Friedrich oder doch diejenigen des heiligen Ludwig trotz ihrer ausnahmslosen Verbindung mit einer l. p. aufser der Funktion einer Anweisung, auch die eines Schuldscheines gehabt hätten.

Für die Bejahung dieser Frage wenigstens bezüglich der Briefe des heiligen Ludwig (und was von diesen gilt, wird auch für die Briefe des Kaisers Friedrich angenommen werden dürfen) spricht m. E. die, wie schon S. 40 erwähnt, aus den genuesischen Notariatsurkunden zu erschliefsende Thatsache, dafs die l. cl. neben der l. p. und ganz wie diese nicht nach Art eines Briefes beim Adressaten abgegeben, sondern nach Art eines Schuldscheins bei ihm zur Einlösung präsentiert wird, und dafs ihr Besitz ganz in derselben Weise wie der der l. p. für die Ausübung des Gläubigerrechts wesentlich ist. Erschöpfte sich die juristische Funktion der l. cl. in der Informierung des Adressaten, so wäre es ganz unverständlich, weshalb der Verkäufer der durch sie beurkundeten Forderung seine Garantie für den Eingang dieser Forderung von der Rückgabe der l. cl. abhängig machen könnte, denn die l. cl. hätte ja gerade dadurch, dafs sie dem Adressaten übergeben worden wäre, lediglich um ihm den

Zahlungsauftrag zu übermitteln, ihre bestimmungsgemäfse Verwendung gefunden und wäre für den Forderungsverkäufer von gar keinem Werte mehr. War sie aber wirklich ein Schuldschein, so war ihr Besitz für die Ausübung des Gläubigerrechts allerdings eben so wesentlich wie der der l. p. Gegenüber diesem Sachverhalte fallen, wie ich meine, die etwa anzuführenden Gegengründe keineswegs entscheidend ins Gewicht.

Dafs über dasselbe Geschäft mehrere Scheine (l. p. und l. cl.) ausgestellt werden, ist für sich allein ebensowenig ein Beweis dafür, dafs nur einer dieser Scheine ein Schuldschein, der andere dagegen eine Anweisung sei, wie etwa die Ausstellung mehrerer Trattenexemplare beweist, dafs nur eine derselben der wirkliche Schuldschein, die anderen dagegen nur Anweisungen seien, und die verschiedene Form beider Scheine kann sich sehr wohl daraus erklären, dafs zur Zeit ihrer Abfassung Schuldscheine in Form der l. cl. den Empfängern dieser Scheine noch neu waren, und dafs daher die Kaufleute aufser der l. cl. auch noch einen Schuldschein in hergebrachter Form zu erhalten wünschten. Dafs endlich in den Briefen des Kaisers Friedrich zwar in der l. cl. auf die l. p. hingewiesen und dem Adressaten aufgegeben wird, die l. p. zurück zu fordern, während umgekehrt die l. p. die l. cl. nicht erwähnt, erklärt sich daraus, dafs die zur Rückzahlung des Darlehns designierten Beamten natürlich nicht ohne einen speciellen ihrer Dienstinstruktion entsprechenden Befehl des Kaisers Zahlung leisteten (Vgl. die oben S. 31 citierten Stelle des Dial. de scacc.), und es daher völlig ausgeschlossen war, dafs sie lediglich gegen Vorweisung der l. p. allein, den Gläubiger befriedigt hätten; hält es doch, wie oben erwähnt, Oberto Fallamonaco sogar für nötig, specielle kaiserliche Genehmigung einzuholen, weil er einer an ihn persönlich gerichteten Zahlungsaufforderung entsprochen hatte, die nur in dem einen Punkte zu Bedenken Anlafs gab, dafs sie seinen Namen lediglich auf der Adresse und nicht im Kontext des Briefes selber enthielt.

Wenn aber auch vielleicht ein positiver Beweis für

die Schuldscheinsqualität dieser Briefe, in denjenigen Fällen, in welchen l. cl. und l. p. neben einander auftreten, durch vorstehende Darlegungen nicht erbracht sein sollte, so ist doch so viel klar, dafs in denjenigen Fällen, in denen die l. cl. ohne begleitende l. p. auftritt, an ihrer Funktion als Schuldschein ebensowenig ein Zweifel obwalten kann, wie an dem juristischen Gedanken, auf welchem diese Schuldscheinseigenschaft beruht. Daher scheint mir allerdings unzweifelhaft, dafs in den Briefen der Kaiserin von Konstantinopel an die Königin von Frankreich, von 1249, die Darlegung des Schuldgrundes nicht die Funktion einer Mitteilung an die Adressatin, sondern die eines Schuldbekenntnisses und Zahlungsversprechens gegenüber dem Empfänger der Urkunde hat. Es ergiebt sich dies, auch wenn man davon absieht, dafs der historische Zusammenhang dieser Urkunden mit den Briefen Kaiser Friedrichs, den Beweis liefert, dafs die „Valutaklausel" nichts anderes ist, als ein enuntiativ gewendetes instrumentum (eine Stipulationsurkunde), insbesondere aus der Art, wie die Regrefshaftung in der Urkunde zum Ausdruck kommt. Nachdem nämlich zunächst erzählt ist, die Ausstellerin habe „emprunté .... 550 lb. de Torneis à paier ou à fere paier en France par le serement de nos et de Jahan nostre frere à celi Escot ou à son comandement, qui ces lettres portera, de dens les premiers XV jorz puisqu'il ou ses comendemenz vos aura ces lettres monstrées", und die Adressatin gebeten ist, dieses Darlehn zurückzuzahlen, heifst es weiter: „Et sache Vostre Hautesce, douce dame, que sil n'estoit paiez dedenz le terme devant dit les 550 lb. devant dites, que nos et Johans mes freres, d'iloques en avant serons tenu sor toz nos biens et par nostre serement de paier ou de faire paier au devant dit Escot ou à son commandement les 550 livres de Tornais devant dites de chatel et par deseure, toz les domages et les desperz et les despens rendre et restorer à celi Escot ou à son comandement ces lettres presentes portant, qu'il porroient dire par lor serement, qu'il auroient eu par le defaut dou paiement etc." Mit Unrecht meint Schaube S. 47, dafs hier die Regrefspflicht konstatiert wird „nicht als ob ihre Übernahme durch die Anweisung hätte beurkundet, oder perfekt gemacht werden sollen, vielmehr dem Charakter der Urkunde als eines Briefes an den Assignaten, entsprechend als Erzählung, als Konstatierung einer Thatsache, die immerhin als geeignet angesehen wurde, die Entschliefsung des Assignaten in einem dem Assignaten günstigen Sinne zu beeinflussen". Dafs das Darlehen gegeben und die Hingabe eidlich bestärkt worden war, hatte die Ausstellerin des Briefes schon vorhin gesagt, brauchte es also nicht zu wiederholen, und dafs, wer ein Darlehen erhält, es zurückzuzahlen verpflichtet ist, sowie dafs er im Falle der Nichterfüllung dieser Verpflichtung Schadenersatz zu leisten hat, brauchte doch wahrlich der Königin von Frankreich nicht erst als eine Thatsache, die immerhin geeignet erscheinen konnte, sie zur Honorierung der Anweisung zu veranlassen, noch besonders mitgeteilt zu werden. In das richtige Licht wird dieser ganze Passus der Urkunde erst dadurch gerückt, dafs man erkennt, dafs er nichts weiter ist, als die enuntiativ gewendete Ricorsaklausel des instrumentum, ein notwendiger Bestandteil der römischen Stipulationsurkunde, bezw. des Briefes um eine Klage auf Grund der Urkunde selber (nach römischem Recht auf Grund des beurkundeten Stipulationsvertrages) ohne weitere Beweismittel zu ermöglichen. Im Laufe der oben dargelegten Entwickelung hat dann dieser Bestandteil der Urkunde die formellen und materiellen Sollennitäten der römischen Stipulation abgestreift und ist schlechthin zu einem dem Briefempfänger gegenüber abgegebenen Schuldbekenntnis und Erfüllungsversprechen geworden, hat also genau diejenige juristische Funktion erreicht, welche Durantis dem von ihm besprochenen Urkundeninhalt zuspricht.

Die Erklärung dafür, dafs dieser Verpflichtungsinhalt in die auf den ersten Blick auffallende und seinen juristischen Zweck verdeckende Form einer Mitteilung an den Adressaten gekleidet wird, liegt in der Rücksicht auf die Wahrung des einheitlichen Charakters der Urkunde. Denn die beiden Erklärungen, welche die Urkunde enthält, Zahlungsversprechen und Zahlungsaufforderung, richten sich an verschiedene Personen, das Zahlungsversprechen an den Empfänger der Urkunde, die Zahlungsaufforderung an den Adressaten. Will man beide Bestandteile in einer einheitlich stilisierten Urkunde vereinigen, so mufs entweder das Zahlungsversprechen zu Gunsten der Zahlungsaufforderung, oder diese zu Gunsten jener, auf einen direkten und adaequaten Ausdruck verzichten. Es ist leicht einzusehen, weshalb man der ersteren von beiden Möglichkeiten den Vorzug gab. Einmal mufste (und zwar, wie oben dargelegt, besonders im Verkehr zwischen dem Fürsten und seinen Beamten, dem ursprünglichen Anwendungsgebiet dieser Beurkundungsform) die Zahlungsaufforderung schon deshalb unzweideutig zum Ausdruck kommen, weil die zur Zahlung aufgeforderte Person sich natürlich nicht bereit gefunden hätte, eine Zahlung zu leisten, wenn ihr Revalierungsrecht oder ihr Recht auf Decharge nicht durch einen deutlichen Zahlungsauftrag aufser Zweifel gestellt wäre, und sodann wird im gewöhnlichen Verlauf der Transaktion, also in der ungeheueren Mehrzahl der thatsächlichen Fälle, nämlich überall, wo der Zahlungsaufforderung wirklich entsprochen wird, die Regrefspflicht des Ausstellers gar nicht praktisch, während die Zahlungsaufforderung stets ihre Wirkung ausübt. Wo man den Dualismus, welchen eine direkte Darstellung der beiden Bestandteile der Urkunden hervorruft, nicht scheute, finden sich denn auch das Zahlungsversprechen und die Zahlungsaufforderung neben einander, direkt an verschiedene Personen gerichtet, vor (cf. die bei Holtius S. 208 mitgeteilte Flandrische Urkunde von 1276 und die Strafsburger Urkunde von 1328 in G o l d t s c h m i d t s Zeitschrift VI S. 542), sodafs die Urkunde in Wahrheit z w e i verschiedene nur äufserlich verbundene Urkunden darstellt, aber der zusammenhangslose und unfertige Charakter, welchen diese Art von Urkunden notwendig tragen, erklärt zur Genüge, dafs sie zu weiterer Verbreitung nicht gelangt sind.

Ist der oben dargestellte Entwickelungsgang von der

l. cl. zur lettera di pagamento der richtige, so ergiebt sich, dafs insbesondere auch die Regrefspflicht des Ausstellers der lettera di pagamento nichts anderes ist, als die für die l. cl., wie oben ausgeführt, begründete Regrefspflicht des Ausstellers, und dafs die von Baldus für die lettera di pagamento di cambio gegebene Konstruktion dieser Regrefspflicht aus dem Konstitut nicht nur in dem oben dargelegten Sinne dogmatisch zutreffend, sondern auch historisch richtig ist.

Dies Resultat wird bestätigt durch eine Betrachtung der allerdings sehr spärlichen und für sich allein wenig beweiskräftigen Zeugnisse von Verkehrsübungen im Remittierungsgeschäft und der statutarischen Gesetzgebung über den Regrefs aus der lettera di pagamento, bezw. lettera di cambio. In den Aufzeichnungen des Lübecker Rates über die durch Mornewech zurückzuzahlenden Darlehen erscheint die l. cl. als vollgültiger Ersatz der l. p. Besonders charakteristisch ist in dieser Beziehung die von Neumann S. 103 nur ungenügend erklärte Stelle der Urkunde Lüb. Urk. B. II 2 Nr. 77 „Christiano Noel dedimus clausam literam super CC marcis argenti puri et Bernardo de Kovorde super C marcis argenti puri aliam literam, quas literas patentes dedissemus, nisi quod Reineckoni ore commisimus, quod eos pagaret". Nur mündlich hatte der Lübecker Rat den Mornewech beauftragt, die Forderungen der beiden Gläubiger zu bezahlen; es war daher Grund zu der Besorgnis vorhanden, dafs Mornewech Bedenken tragen würde, eine blofse litera patens, welche ja eine Zahlungsaufforderung nicht enthielt, zu honorieren, weil er vielleicht befürchtete, dafs ihm bei seiner Verrechnung mit dem Rate sei es der Auftrag sei es die Befugnis des Auftraggebers durch mündliche Erklärung namens des Rates zu disponieren, bestritten werden würde. Wenn nun in diesem Falle die litera clausa, die ja eine schriftliche Zahlungsaufforderung enthält, nicht neben, sondern statt der l. pat. ausgestellt wird, so dürfen wir schliefsen, dafs sie nicht ein einfacher Zahlungsauftrag war, sondern auch als Schuldschein denselben Wert hatte, wie die l. pat., die ja zweifellos ein Schuldschein ist.

Obwohl es nun keineswegs auffällig wäre, wenn gerade in Zeiten und an Orten, welche dem Ursprung der Tratte fern lagen, sich Veranlassung geboten hätte, einen Rechtssatz, wie den vorliegenden, der Angesichts der Gestalt der l. di pag. abnorm erscheinen mufste, und dessen präcise Umgrenzung in Ermangelung schriftlicher Zeugnisse über seinen Umfang sehr wohl einer Festsetzung bedürfen konnte, ausdrücklich zu fixieren, so erscheint doch in der statutarischen Gesetzgebung während des ganzen Zeitraumes bis etwa zum Beginn des 16. Jahrhunderts keine Gesetzesbestimmung, welche den Regrefs des Ausstellers einer lettera di pagamento einführt, sondern überall wird solcher Regrefs als bereits bestehend vorausgesetzt. So erscheint insbesondere in dem ältesten Gesetze, welches die l. d. p. erwähnt, in dem Zusatze von 1322 zum Statut der arte di Calimala bei Emiliani Giudici (cf. Lastig l. c. XXIII S. 167), woselbst verordnet wird, dafs auf Verlangen des Gläubigers der Schuldner stets scritta e promessione, d. h. einen Verpflichtungsschein über seine Schuld (so, und nicht etwa als „Zuschreibung in den Handelsbüchern", wie Lastig meint, sind diese Worte mit Goldschmidt S. 440 zu verstehen) ausstellen müsse, die l. d. p. ganz wie in der oben besprochenen Stelle des Lübecker Urkundenbuches als ein specieller Fall eines solchen Schuldscheines, indem es, in unmittelbarem Anschlufs an die obige Bestimmung weiter heifst, dafs, wenn eine Schuld aufserhalb von Florenz zu bezahlen sei, der Schuldner eine oder mehrere lettere di pagamento (weiter aber keine Verpflichtungsurkunde) ausstellen solle, lautend zu Gunsten jeder Person, welche ihm der Gläubiger bestimmt. Auf demselben Standpunkt stehen zwei südfranzösische Gesetze, welche über den Regrefs aus der Tratte Bestimmungen enthalten, nämlich das Privileg Karls VI. von Frankreich für Montpellier vom 5. April 1410, und das m. E. etwa gleichzeitige Statut von Avignon. Der Inhalt beider Gesetze ist nicht etwa Einführung einer Haftung des Ausstellers aus der lettre de change und litera cambii, sondern die Einführung der Personalkaptur bezw. der parata executio für diese bereits als bestehend vorausgesetzte Haftungspflicht; sie sind die Übertragung (oder gesetzliche Sanktionierung) des im Statutarrecht und Handelsgebrauch norditalienischer Kaufmannsgilden ausgebildeten Rechtssatzes, dafs aus sämtlichen, von einem Kaufmann ausgestellten, Schuldurkunden (mithin auch aus den lettere di pagamento) der Exekutivprozefs stattfindet, auf die im Handelsverkehr von Montpellier bezw. Avignon vorkommenden Wechselbriefe. Einige Wendungen in der Begründung des Privilegs für Montpellier, in welchen nachdrücklich hervorgehoben wird, dafs die Wechselbriefe keine lettres obligatoires seien (on n'a point acoustumé de faire lectres obligatoires ne autres, que la dicte lectre privée, que fait cellui qui reçoit l'argent und car sans lectres obligatoires et sans scel on baille de bonne foy son argent en prenant une petite lectre privée), dürfen nicht zu der Annahme verleiten, dafs vor Erlafs des Privilegs ein Regrefs aus der Tratte nicht stattgefunden habe. Denn der dem neu eingeführten Rechtssatze vorausgehende Rechtszustand wird nicht dahin dargestellt, dafs es eine Regrefsklage gegen den Aussteller überhaupt nicht gegeben habe, sondern dahin, dafs es für die an sich zulässige von erfolgloser Präsentierung der Tratte und Erhebung des Protestes abhängige, mithin also aus dem Wechselbriefe selbst (und nicht etwa aus dem unterliegenden Rechtsverhältnisse) begründete Klage an genügenden Exekutionsmitteln gefehlt habe (Toutesvoyes depuis certain temps en ça aucuns se sont entremis en la dicte ville de Montpellier, de prendre et recevoir argent par voye de change, et pour cellui argent faire rendre et restituer baillé leurs lectres de change adressans a Paris et alleurs a autres marchans, mais quant le temps a esté escheu, que les dits changes devoyent estre payez et rendus et que ceulx, qui l'argent des dits changes ont baillé, ou leurs facteurs et compaignons d'iceulx, ont présenté les dictes lettres a ceulx, a qui elles estoient adressiez, ils n'ont peu avoir ne recouvrer leur dit argent, et a convenu faire des protestations acoustuméz contre ceulx, a qui ledit argent avoit esté baillé, c'est assavoir de le recouvrer ensemble les dommaiges et interestz; mais les dictes protestations ont esté aucune foiz de nul effect ou valeur, par la fraude et malice de ceulx, qui le dit argent avoyent reçeu, qui cautement ont mucié et destourné leurs biens meubles et ont fainz estre non soulvables, les autres s'en sont fuiz et absentez de nostre royaume et les autres se sont mis en franchise et immunité), und dieser mangelhafte Rechtszustand wird dadurch beseitigt, dafs der König die Gerichte anweist: „toutes et quantes foys, que vous treuveréz argent avoir esté baillé par voye de change a aucunes gens demourans soubs vos jurisdictions et justice ou de l'un de vous, et ils ne le façent rendre et bailler au lieu et terme, qu'ils auront donné par leurs lettres de change, tellement qu'il convienne faire les protestations en tels cas accoutumez, vous les preneurs du dit argent contraigniés par prinse emprisonnement et detention de leurs corps et autrement par toutes voyes deues et raisonnables a le rendre et restituer avecques les dommaiges et interestz, que par leur faute auront esté souffertz." Aus diesem Gedankengang des Privilegs ergiebt sich, dafs die Redewendung, die Tratte sei keine lettre obligatoire, besagen soll, dafs ihr die Verpflichtungs-Erklärung fehle, wie ja auch im Zusammenhang mit dieser Bemerkung hervorgehoben wird, dafs die Tratte nicht einmal gesiegelt sei, also auch sonst von der solennen Form einer Verpflichtungsurkunde abweiche. Auf einem dieser Hervorhebung des Mangels der forme obligatoire verwandten Gedankengange beruht auch die Ausdrucksweise des Statuts von Avignon, dafs aus einer litera cambii gehaftet werde: „sub quacunque verborum conceptione dummodo litera in se cambii substantiam contineat"; wenn nur der Brief den Thatbestand des Geldremittierungsgeschäftes (substantiam cambii) enthält, so ist es gleichgültig, wie sein Wortlaut gefafst ist, insbesondere also ist es gleichgültig, ob er eine Verpflichtungs-Erklärung enthält, oder nicht. Der innere Zusammenhang dieser statutarischen Bestimmung mit den Deduktionen des Baldus, über das Fehlen der promissio, wird Niemandem entgehen können.

Auch der bekannte Art. 8 der Ordonnance Ludwigs XI. vom 8. März 1462 führt für die Wechselstreitigkeiten auf den Messen von Lyon nicht etwa die Regreſspflicht des Ausstellers neu ein, sondern ordnet lediglich das Verfahren bei ihrer Geltendmachung, und zwar so wie es an den anderen Meſsplätzen geordnet ist: „ceux, qui seront tenus payer le dit argent . . . . . . pourront estre et seront contraint à les payer . . . . . ainsi qu'ont accoustumé de faire ès foires de Pezénas Bourges Genève et autres foires de ce royaume."

Das Resultat der bisherigen Erörterungen, nach welchen die Regreſshaftung der Aussteller der l. di pag. durch die Übertragung eines bereits beim Aufkommen der l. di pag. für die litera clausa begründeten Rechtssatzes zu stande gekommen ist, und seit dem Entstehen der l. di pag. bestanden hat, scheint widerlegt zu werden durch den Inhalt des consilium des Baldus II 190 aus dem Jahre 1381, in welchem Baldus nach allgemeiner Meinung diese Regreſshaftung aus der Urkunde verneint haben soll. Wenn noch im Jahre 1381 ein so erfahrener Praktiker und insbesondere ein so guter Kenner des Handelsgebrauchs und Handelsrechts seiner Zeit, wie es Baldus zweifellos ist, den Satz vertreten konnte, die Haftung des Ausstellers einer nicht honorierten litera cambii könne nicht aus der litera, sondern nur aus dem unterliegenden Rechtsverhältnisse hergeleitet werden, so mag die Vermutung begründet erscheinen, daſs noch im Jahre 1381 diese Regreſshaftung vielleicht überhaupt noch nicht ausgebildet, jedenfalls aber noch nicht allgemein anerkannt gewesen sei.

Gegen diese Meinung sprechen jedoch überwiegende Gründe.

Die Erörterung des Baldus beansprucht keine Geltung für die lettera di cambio im allgemeinen, sondern erklärt sich aus der besonderen Natur der ihm vorliegenden Tratte und den besonderen Einzelheiten des von ihm besprochenen

Falles, steht auch im Resultat im Einklang mit der übrigen Doktrin. Der Tratte, um welche sich der Streit dreht, liegt nämlich nicht eine gewöhnliche Geldrimesse, sondern ein cambio con ricorsa zu Grunde. Diese in der früheren Litteratur, z. B. bei Scaccia § 1 qu. 5 § 88 als ganz selbstverständlich betrachtete, unter den neueren Schriftstellern aber von Biener S. 34 in Abrede gestellte und von Endemann Studien I S. 126 stark angezweifelte Thatsache ergiebt sich u. a. schon daraus, dafs Baldus, was die modernen Schriftsteller alle übersahen, die Tratte als Ricorsabrief ausdrücklich bezeichnet. Die Eingangsworte seines Gutachtens: „Sempronius Manfredi scripsit quandam epistolam ad Titium mercatorem in reditu Venetiarum“, welche so, wie sie dastehen, sinnlos sind, und durch die von einigen Neueren acceptierte Lesart „in Rivoalto Venetiarum“ nur unbefriedigend emendiert werden (denn warum dieser aufsergewöhnliche Pleonasmus bei einer so unwichtigen Sache, wie die Adresse des Trassaten) müssen heifsen epistolam cum reditu Venetiarum; eine Konjektur, deren Richtigkeit einleuchten wird, wenn man bedenkt, wie wenig sich in der Schrift des 14. und 15. Jahrhunderts ein vielleicht flüchtig geschriebenes in von einem mit dem das m vertretenden Striche über dem u geschriebenen cum [cū] unterscheidet. Diese Worte sind eine Übersetzung des italienischen lettera con ricorsa di Venezia, und bezeichnen entsprechend der bei Späteren, z. B. bei Scaccia, häufigen Phrase cambium cum reditu nundinarum ein „Geldremittierungsgeschäft mit Rücklauf“, bei Baldus mit Rücklauf von Venedig, bei Scaccia mit Rücklauf von der Messe.

Das gemeinsame Merkmal solcher in mancherlei Variationen vorkommenden Ricorsageschäfte, von welchem sie auch ihren Namen führen, besteht darin, dafs die Kontrahenten von vornherein zwei (formelle) Remittierungsgeschäfte intendieren, von denen das erste nur geschlossen wird, um die Grundlage für das zweite zu bilden, indem die remittierte Geldsumme durch den Remissar des ersten Geschäftes wieder zurückremittiert werden soll, sei es an den Ausgangsort, sei es an einen anderen Ort. Der Geschäftsgang der bei Baldus vorliegenden Spielart ist im wesentlichen der, dafs im ersten Geschäft die Summe an eine Person remittiert wird, welche aufgefordert wird, „an sich selbst“ zu zahlen, als Trassat und Remissar zugleich zu fungieren. Diese beiden Aufträge werden dadurch ausgeführt, dafs der Betreffende, gewöhnlich ein Geschäftsfreund oder Angestellter des Remittenten, seltener des Trassanten in seiner Eigenschaft als Trassat, also für Rechnung des Trassanten handelnd, an sich selber, in seiner Eigenschaft als Remissar, also für Rechnung des Remittenten handelnd, die Remittierungssumme auskehrt, natürlich nicht durch Barhingabe, sondern indem er in seine Bücher einträgt, dafs er für Rechnung des Trassanten eine Zahlung geleistet habe an sich selber, bezw. Geld empfangen habe von sich selber für Rechnung des Remittenten. Aus dieser Manipulation erwächst ihm dem Trassanten gegenüber ein Recht, sich zu decken, und dem Remittenten gegenüber die Verpflichtung, das vereinnahmte Geld auszukehren, richtiger gesprochen, es an den Remittenten zurück zu remittieren. Er bewirkt nun die Einziehung seiner Forderung vom Trassanten und zugleich die Erfüllung seiner Verbindlichkeit gegen den Remittenten dadurch, dafs er bei sich selbst die zur Remittierung der Wechselsumme nebst Spesen erforderlichen Gelder aufnimmt, und an den Remittenten des ersten Geschäftes, zu Lasten des Trassanten des ersten Geschäftes zurückremittiert. Die Tratte, welche er über dieses zweite Remittierungsgeschäft ausstellt, enthält also als Valutaklausel die Erklärung, dafs der Aussteller bei sich selbst die Valuta aufgenommen habe; sie nennt den Trassanten des ersten Geschäfts als Trassaten, den Remittenten des ersten Geschäfts als Remissar. Eine Tratte mit der Valutaklausel „che qui ne avemo avuti da noi medesimi“ (die spätere Formel ist gewöhnlich cambiati con noi, conti in noi etc.), ist uns schon aus dem Jahre 1392 erhalten (Bini. J Lucchesi in Venezia S. 124, Goldschmidt S. 444); sie liefert einen neuen Beweis dafür, dafs die ganze Geschäftsoperation schon zu Baldus' Zeiten bekannt ist. Der Zweck der ganzen Transaktion ist bekanntlich nicht die Remittierung von Geld, sondern die Provisionen, welche sich der Geschäftsfreund des Remittenten für seine Zahlungen an sich selbst und Einkassierungen bei sich selbst berechnet, sowie die im Wechselkurse zum Ausdruck gelangenden Remittierungsspesen und sonstigen Vorteile zielen in Wahrheit auf Gewährung einer nicht als Zins erscheinenden Kreditvergütung für die dem Trassanten hingegebene Summe ab.

Daher kann denn auch, wenn der Trassant des ersten Remittierungsgeschäftes den Kredit bei Fälligkeit der zweiten Rimesse noch weiter beanspruchen will, die ganze Manipulation weiter fortgesetzt werden. Das eigentliche Wesen des solvere sibi ipsi besteht, wie die vorstehende Erörterung zeigt, nicht darin dafs schlechthin dem Remittenten die Remittierungssumme gutgeschrieben wird, wie Goldschmidt S. 443 nach Biener meint, denn solche Bezahlung durch Gutschrift ist auch in Fällen, in welchen der Trassat an einen anderen als sich selbst zu zahlen aufgefordert wird, sehr gewöhnlich. Vielmehr ist das „Gutschreiben“ im Falle des solvere sibi ipsi besonders qualifiziert, indem der Trassat und Remissar die Wechselsumme als, an sich selber ausgezahlt, und bei sich selber einkassiert, in seine Bücher einträgt.

In dem von Baldus besprochenen Falle hatte der Trassat und Remissar die ihm gegebenen Aufträge nicht ausführen wollen, und den Wechsel (wie es scheint, sogar ohne auch nur Protest zu erheben) zurückgehen lassen[1], und nunmehr wurde gegen den Aussteller der Tratte die Exekution in Gemäfsheit des bolognesischen Statutarrechts, nach welchem, wie auch anderswo vielfach, Verpflichtungsscheine von Kaufleuten vollstreckbaren Urkunden gleichstanden, beantragt; aber nicht von der im Wechsel als Remittentin

[1] Irrig ist die Meinung von Grünhut, dafs im Ricorsogeschäfte von vornherein die Absicht der Parteien dahin gehe, dafs die Tratte protestiert werden solle (vgl. dagegen die Darstellung bei Raphael di Turri Disp. III qu. 1 § 29 fg.).

benannten Handelsgesellschaft Seyo e comp., sondern von einem ihrer Mitinhaber, nämlich dem Seyus persönlich, und zwar nach Auflösung der Societät[1] und, wie es scheint, nur wegen der Hälfte der Wechselsumme[2].

In derartigen Fällen, in welchen die den gestellten Antrag begründenden Thatsachen nicht ohne weiteres aus der Urkunde ersichtlich sind, (die Aktivlegitimation des Seyus ergab sich weder bezüglich der ganzen Summe noch bezüglich der Hälfte ohne weiteres aus der Urkunde) tritt gewöhnlich nach italienischem Statutarrechte ein Verfahren ad liquidandum instrumentum ein, in welchem Verfahren der Antragsteller mit den Beweismitteln des gewöhnlichen Prozesses die illiquiden Bestandteile seines Antrages, hier also die Aktivlegitimation, klarzustellen hat. Seyus nun hat diese Klarstellung auf dem Wege unternommen, dafs er die Transaktionen, welche zur Ausstellung der Tratte geführt hatten, nämlich die Einzahlung des Geldes an Sempronius durch die Gesellschaft des Seyus e comp., und das Versprechen des Sempronius, die Rückzahlung in Venedig zu beschaffen [den Remittierungsvertrag], darlegte, und zur Begründung seiner Aktivlegitimation anführte, die Hälfte des Geldes „pertinet et spectat ad eum vigore et occasione dictae scripturae et literae et etiam societatis.“ Zum Beweis dieser Behauptung bezog er sich auf den Inhalt der Tratte und das Zeugnis seiner früheren Socien, unter dem Hinzufügen, nicht er selber habe das Geld an Sempronius gezahlt, sondern er glaube, dafs seine Socien dies gethan hätten. Diese wurden

---

[1] Dies ergeben die Worte praesupponitur, quod dictus Jo. et Jac et Seyus erant socii, tamen principale nomen societatis erat ipsius Seyi, sowie der Umstand, dafs die beiden anderen Socien als Zeugen aussagen (deposuerunt in judicio), ferner der Umstand, dafs als Antragsteller stets nur Seyus allein genannt wird, und sich keine Andeutung darüber findet, dafs er namens seiner Societät den Antrag stelle, und endlich die Thatsache, dafs die drei Socien in Zwistigkeiten geraten sind.

[2] Item dicit Seyus, quod dimidia pars dictae pecuniae spectat ad eum . . . non deberet agere pro dimidia, (was er also doch gethan haben mufs) sed pro virili.

vernommen, sagten aber Beide aus, sie hätten auch kein Geld bezahlt; freilich wurden ihre Aussagen nicht als ausreichend betrachtet, weil der eine von ihnen im Bann, und der Andere mit dem Antragsteller verfeindet, mit dem Antragsträger aber befreundet war. Dies Mifstrauen gegen ihre Aussagen war vielleicht gar nicht gerechtfertigt, denn wenn die streitige Ricorsatratte ausgestellt war zur Prolongation eines bereits einmal vorgenommenen Ricorsageschäftes, so war es völlig richtig, dafs keiner der drei Socien bei Ausstellung der Tratte Geld hingegeben hatte. Nun hätte der Antragsteller in solchem Falle freilich durch eine Aufdeckung des Valutaverhältnisses die Zahlung der ursprünglich bei Ausstellung der ersten Tratte hingegebenen Summe beweisen können, aber alsdann riskierte er ohne weiteres von Amtswegen wegen Wuchers abgewiesen zu werden, denn auf Tratten, welchen ein Wuchergeschäft zu Grunde lag, wurde auch später, insbesondere in Bologna, keine Exekution erteilt, cf. z. B. Jo. B. Lupus, de Usuris, comm. III. § 2.... ubi literae cambii ex forma statuti habebunt executionem paratam, non tamen conceditur hoc huiusmodi fictis literis, prout concludit Joan. de Anania hic Nr. 46, asserens se vidisse servari Bononiae et sequitur Navarr. Nr. 27; et Laur. de Rodul. in d. c. consuluit p. 2 qu. 153 tradit, quod, ubi literae huiusmodi in aliqua parte essent fictae, in altera autem verae, pro ea parte. quae vera appareret, executioni mandari possunt secus in alia ficta. Die Zurückhaltung des Antragstellers in Bezug auf die Darlegung des Valutaverhältnisses, welche in dem ganzen Thatbestand des Streitfalles so auffällig hervortritt, findet also bei der Unterstellung, dafs es sich auch im vorliegenden Falle wie in der Regel bei Ricorsatratten um ein Wuchergeschäft handelt, eine völlig ausreichende Erklärung.

Nachdem sich nun einmal durch das Ergebnis der Verhandlung herausgestellt hatte, dafs das in der Tratte angegebene Valutabekenntnis fingiert sei, war es angesichts eines Rechtszustandes, in welchem das Versprechen des Trassanten jedenfalls kein abstraktes Summenversprechen war, eine sehr wohl aufzuwerfende Frage, ob noch auf Exekution der Tratte erkannt werden könne. Baldus entscheidet sich gegen die Zulässigkeit der Exekution. Er schlägt, um zu diesem Resultat zu gelangen, den Weg ein, dafs er im Anschlufs an die Darstellung des ihm vorliegenden Antrages entweder die thatsächliche Grundlosigkeit oder die juristische Unschlüssigkeit der einzelnen klägerischen Behauptungen nachweist. Er führt aus, das Petitum könne weder auf die Behauptung der Zahlung der Valuta [eine effektive Zahlung sei als behauptet anzusehen] gestützt werden, denn diese Behauptung sei widerlegt, noch auf das [nach dem Vortrage des Antragstellers als Behauptung einer Stipulation aufzufassende] Versprechen, in Venedig Zahlung des Wechsels beschaffen zu wollen, denn bei Abgabe dieses Versprechens sei Antragsteller nicht zugegen gewesen, und daher habe eine Stipulation nicht zu stande kommen können, noch endlich auf das cambium, den Remittierungsvertrag. Denn bei Nichterfüllung eines Remittierungsvertrages finde nicht eine Klage aus dem Vertrage selber, sondern nur ein Rückforderungsrecht, mittels der condictio ob causam, statt, und diese condictio könne nicht aus der Urkunde, die von ihr nichts sage, hergeleitet werden, sondern sei, ex sola provisione legis, im ordentlichen Verfahren geltend zu machen. Baldus verneint mit dieser Argumentation also nicht etwa die Möglichkeit der Exekution aus der Urkunde, sondern nur die Möglichkeit, mittels einer Klage aus dem der Urkundenausstellung zu Grunde liegenden Verhältnisse die Exequierbarkeit der Urkunde zu erzielen. Er befindet sich hier völlig im Einklange mit seiner, im consilium „factae fuerunt literae" ausgesprochenen Rechtsanschauung, denn auch in letzerem consilium unterscheidet er ja scharf zwischen dem cambium und den literae constitutae pecuniae und erklärt die Klage aus der Tratte für eine Klage aus dem beurkundeten Konstitut, und nicht aus dem cambium. Die Unzulässigkeit der Klage aus der Urkunde selber hat Baldus in dem uns hier beschäftigenden consilium „Sempronius Manfredi" bereits im Vorhergehenden dargethan, indem er ausführt, dafs und weshalb der Antrag aus dem Gesichtspunkt der Stipulation nicht zu rechtfertigen sei. Die Zulässigkeit einer Klage aus dem Konstitut zu erörtern hatte Baldus keine Veranlassung, da er die Klagschrift dahin auslegt, dafs der auf die Urkunde gestützte Klaggrund die Behauptung einer Stipulation enthalte, auch würde ein auf ein formloses Erfüllungsversprechen gegründeter Antrag, nachdem einmal ans Licht gekommen war, dafs der Vertrag, dessen Erfüllung versprochen war, fingiert sei, höchst wahrscheinlich gleichfalls gescheitert sein. Die Ausführungen des Baldus enthalten also, wie man sieht, nichts, was der sonstigen Doktrin widerspricht, und insbesondere hat er nicht den Regrefs aus der Tratte verneint.

Angesichts dieses hier allein interessierenden Ergebnisses braucht nicht erörtert zu werden, ob der Antragsteller mit einem anders begründeten Antrage hätte durchdringen können, und ob Baldus nicht bei Interpretation der Parteischrift dadurch gefehlt hat, dafs er die einzelnen Behauptungen des Antragstellers einzeln für sich, und aufserhalb ihres Zusammenhanges mit den übrigen Behauptungen betrachtet und kritisiert, während sie doch wohl als Bestandteile eines einheitlichen Ganzen gedacht waren, und als solche auch erheblich schlüssiger erscheinen.

§ 4.

Die Person des Regrefsberechtigten.

Die vorstehende Erörterung über die Entstehung und die juristische Funktion der Valutaklausel enthält zugleich das Princip für die Entscheidung der Frage, wer aus einer lettera di cambio, in welcher Präsentant und Remittent verschiedene Personen sind, berechtigt ist, den Regrefs zu nehmen.

Ist die Valutaklausel sowohl die Beurkundung des der Trattenausstellung zu Grunde liegenden Geschäftes, als auch des Versprechens, dies Geschäft zu erfüllen, so folgt, dafs die Klage wegen Nichterfüllung derjenigen Person zustehen mufs, welche durch diese Beurkundung als dominus negotii bezeichnet wird. Es steht also der Regrefs weder der als Remittent noch der als Präsentant bezeichneten Person als solcher zu, sondern (im Falle eines cambium) dem, aus dem Inhalte der Urkunde erkennbar werdenden Remittenten des Remittierungsgeschäfts. In der Regel ist dieser Remittent auch derjenige, welcher in der Tratte selber als Geldhergeber erscheint, aber z. B. bei Durantis und in denjenigen Fällen, in denen die Tratte ergiebt, dafs sie eine Rücktratte ist, mittels welcher der Trassant das von ihm gemäfs des in einer früheren Tratte enthaltenen Auftrages einkassierte Geld dem Remittenten dieses früheren Geschäfts übermacht (Scaccia § 2 gl. 7 Nr. 70), würde das oben aufgestellte Princip erfordern, dafs das Regrefsrecht dem Präsentanten zustehe. Diesem Princip entspricht denn in der That auch die übereinstimmende Lehre der Juristen bis zur Mitte des 17. Jahrhunderts. Unter den Postglossatoren hat, so viel ich sehe, nur Baldus in seiner bereits oben erwähnten Erörterung im cons. I 348, diese Frage behandelt. Er sagt, das Konstitut (dessen Nichterfüllung die Grundlage des Regrefsanspruchs bildet) sei abgegeben vom Trassanten gegenüber dem Remittenten, und zwar entweder gegenüber dem Remittenten im eigenen Namen, oder gegenüber ihm als Vertreter des Präsentanten. Welcher von beiden Fällen vorliege, ob der Remittent dominus negotii sei, oder ob es sich um ein negotium gestum ipsi absenti per praesentem handle, sei ex qualitate personarum et ex aliis usitatis inter eos, zu entscheiden. Im Zweifel ist anzunehmen, dafs der Remittent das Versprechen im eigenen Namen empfange, und das Geld im eigenen Namen zahle; er ist es also auch, der die Regrefsklage anstellen mufs.

Man hat diese Ausführungen, die allerdings von den modernen Anschauungen, nach welchen die Rechtsstellung eines Wechselberechtigten sich lediglich durch seinen Platz auf der Urkunde bestimmt, stark abweichen, für „unklar und zweideutig“ erklärt; man hat gemeint, Raphael de Turri erkläre sie mit Recht für ganz unzureichend, und

Baldus sei sich über die Richtigkeit seiner Argumentation offenbar selbst nicht klar (Schaps, Zur Gesch. des Wechselindossaments S. 15), er fordere ja den Leser schliefslich auf, weiter über die Sache nachzudenken und schiebe alles der schlechten Abfassung des Wechsels zu[1], aber in Wahrheit hat nicht nur Raphael die hierher gehörigen Ausführungen des Baldus in allen Einzelheiten durchaus gebilligt (cf. Disp. II, qu. 23 Nr. 100—115; an den von Schaps citierten Stellen redet er von unserer Frage gar nicht), sondern sie stimmen auch völlig mit der späteren Doktrin überein und sind durchaus klar und ausreichend. Baldus sagt, dafs im Zweifel der Remittent regrefsberechtigt ist, dafs aber der Regrefs dem Präsentanten zusteht, wenn eine den speciellen wirtschaftlichen Zweck der einzelnen Tratte berücksichtigende freie Auslegung ihres Wortlautes ergiebt, dafs der Präsentant der dominus negotii ist, und dafs bei dieser Auslegung auch aufserhalb der Tratte liegende Interpretationsmittel hinzugezogen werden können.

Dafs die Praxis den von Baldus aufgestellten Grundsätzen durchaus folgt, beweist zunächst die vielbesprochene Decisio 10 der genuesischen Rota. In dem dort entschiedenen Falle wird gegen die Aussteller eines protestierten Wechsels Exekution beantragt von einer Person, welche im Wechsel selbst gar nicht vorkam, sondern ihre Legitimation zur Sache auf zwei besondere Rechtsgründe stützte. Der Antragsteller behauptete nämlich erstens, er sei der wirkliche Gläubiger des cambium; illas pecunias cambio datas per Nicolaum (der als Remittent in der Tratte genannt war, aber vor Verfall des Wechsels in Konkurs geraten und flüchtig geworden war) esse suas (mit welchen Worten dasselbe gemeint ist,

---

[1] Neuere Schriftsteller pflegen wohl für das Mifslingen ihrer Versuche, die consilia des Baldus zu erklären, die schlechte Redaktion der Wechselurkunden verantwortlich zu machen, aber Baldus selber analysiert gerade im Consilium I, 348 die Tratte so eingehend in allen ihren Einzelheiten, dafs wirklich gar keine Unklarheit übrig bleibt. Er redet dann auch gar nicht von der schlechten Abfassung des Wechsels, sondern von der Fehlerhaftigkeit der Klagschrift.

was sonst wohl spectare ad aliquem genannt wird) und versuchte diese Behauptung damit zu rechtfertigen, dafs er seine Korrespondenz mit dem Remittenten der Tratte vorlegte. Sodann aber hatte der Antragsteller sich von den beiden Präsentanten des Wechsels deren Rechte gegen den Aussteller cedieren lassen und behauptete nun, diese Präsentanten seien zur Klage gegen den Aussteller berechtigt, weil sie sowohl curam cambii exigendi gehabt hätten, als auch adiecti in rem propriam seien. Der Beklagte erwidert (abgesehen von der Bemängelung der Cession), auch durch die Cession abseiten der Präsentanten könne der Antragsteller seinen Antrag nicht rechtfertigen, denn der in der Tratte genannte Remittent habe die Gelder als eigene, d. h. in eigenem Namen und für eigene Rechnung gezahlt, also sei er der Forderungsberechtigte, und dafür, dafs die beiden Präsentanten in concreto eine andere Rechtsstellung hätten, als die von Beauftragten des Remittenten, liege kein thatsächlicher Anhalt vor. Als Beauftragte des Remittenten aber hätten die Präsentanten nur die Einkassierung der Remittierungssumme am Zahlungsorte zu besorgen, die übrigen Rechte aus dem Remittierungsvertrage ständen dem Remittenten zu. Aus eigenem Rechte aber könne der Antragsteller sein Begehren ebensowenig rechtfertigen, denn die Tratte selber ergebe nichts davon, dafs der in ihr als Remittent Benannte im Namen, oder für Rechnung des Antragstellers aufgetreten sei, und Exekution aus der Tratte könne nur demjenigen konzediert werden, der aus der Tratte sich als Gläubiger zu legitimieren vermöge. Eventuell aber liefere die Korrespondenz des Remittenten der Tratte mit dem Antragsteller (aus welcher sich allerdings, wie es scheint, ergab, dafs der Remittent der Tratte für Rechnung des Antragstellers den Remittierungsvertrag geschlossen hatte) aus verschiedenen Formalgründen keinen vollen Beweis.

Das Gericht lehnt den Antrag ab, weil der Antragsteller sein Interesse zur Sache, seine Aktivlegitimation, nicht liquide gestellt habe; es erhelle weder, dafs das zur Remittierung hingegebene Geld das seinige gewesen wäre, noch auch, dafs dem Präsentanten gegenüber er als der Auftraggeber hervorgetreten sei; ein Brief, in welchem der Remittent der Tratte allerdings anerkenne, dafs der Antragsteller der Remittent des Remittierungsgeschäftes sei, sei, weil nach Ausbruch des Konkurses über das Vermögen des Remittenten geschrieben, nicht beweiskräftig.

Der hauptsächlichste Streitpunkt ist, wie man sieht, nicht die Konkurrenz zwischen Remittenten und Präsentanten, sondern die Konkurrenz zwischen dem in der Tratte selber benannten Remittenten und dem Remittenten im materiellen Sinne (demjenigen, für dessen Rechnung der in der Tratte benannte Remittent aufgetreten ist), aber die Entscheidungsgründe ergeben doch auch für die uns interessierende Frage ein Resultat, nämlich dasjenige, dafs an und für sich derjenige, der den Remittierungsvertrag geschlossen hat, regrefsberechtigt ist; dafs als dieser Remittent (im materiellen Sinne) im Normalfalle und ohne weiteres der in der Tratte benannte Remittent gilt, und dieser also derjenige ist, welcher den Regrefs nimmt, dafs aber eine andere Person, welche Rechte aus dem Wechselbriefe geltend machen will, insbesondere der Gläubiger des (materiellen) Remittierungsvertrages wenn er in der Tratte selber nicht als Remittent hervortritt, ihre Aktivlegitimation besonders zu beweisen hat, und dafs dieser Beweis eventuell auch durch Hinzuziehung von aufserhalb der Tratte liegendem Material erfolgen kann.

Eine principielle Entscheidung über die Rechtsstellung des Remittenten (der Tratte) oder des Präsentanten als solchen enthält, wie man sieht, diese Entscheidung überhaupt nicht und kann sie nicht enthalten, weil nicht die formale Stellung der Personen in der Urkunde sondern ihre materielle Stellung im Remittierungsvertrage das für ihre Rechtsstellung entscheidende Moment ist.

Mit Vorstehendem stimmt völlig die Lehre des Scaccia überein. Er bespricht unsere Frage ex professo im § 2 G. 7 Nr. 67—73 und kommt wie Baldus zu dem Schlufs, dafs im allgemeinen der Remittent (der Tratte) regrefsberechtigt ist; der Präsentant kann den Regrefs nehmen nur in den Fällen, in welchen er klarstellen kann „quod cambium spectat ad ipsum“, womit dasselbe gesagt ist, was Baldus als negotium geri und die Rota als pecunias esse suas (sc. praesentantis) bezeichnet haben. Klarstellen kann aber nach Scaccia Nr. 75 eod. der Präsentant dies Sachverhältnis u. a. durch Vorlegung der Korrespondenz über die Avisierung der Tratte, also durch ein aufserhalb der Tratte liegendes Beweismittel.

Mit dieser unser Thema betreffenden Erörterung hat Scaccia in seiner unklaren Art die weitere ganz andere Frage vermengt, ob der Präsentant nach erfolgtem Accept gegen den Acceptanten klagen kann, und hat diese Frage in Übereinstimmung mit den sonstigen Quellen bejaht. Hiergegen wäre nun an sich gar nichts zu erinnern, zu tadeln ist es nur, dafs Scaccia die Klagbefugnis des Präsentanten gegenüber dem Acceptanten als eine Ausnahme von dem Satze bezeichnet, dafs der Remittent gegen den Aussteller ein Klagerecht habe.

Im wesentlichen stimmt mit den bisher besprochenen Quellen auch Raphael de Turri (Disp. II qu. 7, insbesondere §§ 15, 25, 26, 61, 70) überein. Er bespricht vorwiegend die hier nicht näher zu erörternde Frage, wer bei Konkurrenz zwischen dem Remittenten des Remittierungsgeschäftes (ad quem spectat remissa ratione interesse), und dem in der Tratte selbst benannten Remittenten (ad quem spectat remissa ratione curae et sollicitudinis) vorgehe, und entscheidet sich für den Normalfall (nullo alio extrinsecus adveniente .... ex quo turbaretur naturalis cursus negotiationis) zu Gunsten des letzteren; über die Konkurrenz zwischen dem Remittenten (der Tratte) und dem Präsentanten redet er nur beiläufig und erklärt, der Remittent nehme den Regrefs gegen den Aussteller, der Präsentant dagegen sei dem Acceptanten gegenüber zur Klage berechtigt.

Diese Erörterung enthält gegenüber der Lehre des Baldus, der Rota und des Scaccia nicht nur keinen Fortschritt in der Richtung, dafs das Regrefsrecht allmählich vom Remittenten auf den Präsentanten übergeht[1], sondern Raphael spricht im Gegenteil dem Präsentanten das ihm von den früheren ausnahmsweise zugestandene Regrefsrecht schlechthin ab, wobei allerdings zu bemerken ist, dafs er an Fälle, in welchen der Präsentant sich als dominus cambii darstellt, nicht gedacht zu haben scheint.

Ebensowenig aber unterscheidet sich die Ausführung Raphaels über das Klagerecht des Präsentanten gegen den Acceptanten praktisch von derjenigen seiner Vorgänger, insbesondere von der des Scaccia; Raphael weist nur, und zwar mit vollem Rechte, darauf hin, dafs die in der bisherigen Doktrin gebräuchliche Konstruktion der Rechtsstellung des Präsentanten als der eines römischrechtlichen solutionis causa adiectus schon deshalb dogmatisch falsch sei, weil der Präsentant zweifellos aus dem Accepte, welche ja ihm gegenüber abgegeben ist, gegen den Acceptanten klagen könne, ein solutionis causa adiectus aber nur freiwillige Zahlung entgegenzunehmen, und nicht sie gerichtlich einzutreiben berechtigt sei. Mit Unrecht meint Schaps S. 15 fg., die Frage, ob der Präsentant gegen den Acceptanten klagen dürfe oder nicht, sei „eine berühmte Kontroverse der älteren Doktrin“ gewesen. Dem Präsentanten ist das Klagerecht gegen den Acceptanten, soviel ich sehe, nie bestritten worden; Baldus und die Rota (Dec. 10), welche Schaps für das Gegenteil anführt, behandeln nur die Frage, wer den Regrefs gegen den Aussteller nehmen kann, und Scaccia billigt (was Schaps l. c. S. 17, wie es scheint, bestreiten will) dem Präsentanten das Klagerecht genau in demselben Umfange zu, wie Raphael, denn das

[1] Es ist daher der Meinung von Goldschmidt nicht zuzustimmen, der l. c. S. 448 sagt, „das Versprechen wird nach der älteren Auffassung dem Remittenten (Valutageber), nach der späteren dem in der Tratte benannten Präsentanten geleistet. Durch die Auffassung des Präsentanten als „adjectus in rem suam“ wird diese Änderung vorbereitet. Vgl. einerseits noch dec. rotae Genuae 10, schwankend Scaccia § 2 gl. 5 Nr. 39 ff., gl. 7 — andererseits Raf. de Turri, disp. 2 q. 2 Nr. 3, q. 7, insbes. Nr. 61 ff., q. 16 Nr. 69 ff., q. 23 Nr. 29 ff.“

Accept erfolgt immer dem Präsentanten gegenüber[1]. Es ist auch unrichtig, dafs „man sich bemühte, auf Umwegen das Klagerecht des Präsentanten einzuführen, welches man theoretisch nicht zu rechtfertigen vermochte“, vielmehr bemüht sich in unserer Frage die Doktrin durchaus nicht um Einführung neuer, sondern um die juristische Konstruktion im Verkehr bestehender Klagerechte.

§ 5.

Kritik moderner Hypothesen.

I. Auf Grund des in der Korrespondenz des Mornewech enthaltenen Beispiels der von einem Schuldschein begleiteten enuntiativen Stipulationsurkunde hat zuerst Pauli (Lübeckische Zustände im Mittelalter I S. 146, 147) die Meinung vertreten, der gezogene Wechsel sei dadurch entstanden, dafs seine ursprünglich getrennten beiden Bestandteile (Schuldschein und Zahlungsauftrag) später in eine einzige Urkunde zusammengefafst worden seien. Weiter ausgeführt hat diesen Gedanken Neumann, Geschichte des Wechsels im Hansagebiete S. 99—103, der die Anweisung (im Sinne des Art. 300 H. G. B.) aus dem zwecks Realisierung des domizilierten Eigenwechsels direkt an den Adressaten gesandten Avisbriefe, und die Tratte aus der Verbindung der Anweisung und des domizilierten Eigenwechsels hervorgehen läfst. Auch v. Canstein S. 18 leitet, allerdings ohne specielle Bezugnahme auf Urkunden, die Tratte aus einer Verbindung von „Wechselbrief“ und „Avisobrief“ her.

[1] 1. Scaccia § 2 Gl. 7 Nr. 76: quando is, cui est mandatum, acceptavit literas et promisit eas solvere illi, qui est appositus solutioni.

2. Raphael Disp. II qu. 7 § 70: expectatur exitus, an ille cui fient (sc. literae) acceptet, ex quo formaliter resultat nova actio tam activa quam passiva respectu praedictorum, qui vere contrahunt, ille acquirendo hic promittendo, per se ipsos quidem sed de mandato aliorum, cuius vigore ad praedicta devenerunt. Unde nil mirum, si creditor ab invito exigit, cum . . . vigore acceptationis et obligationis sibi adquisitae agat. . . .

Nahe mit dieser Anschauung berührt sich die Hypothese Goldschmidts, der meint, die Tratte sei aus einer zur Ausführung des domizilierten Eigenwechels verwendeten und ursprünglich diesen begleitenden Anweisung, welche später, indem man ihr das Wechselregreſsversprechen des domizilierten Eigenwechsels subintellegierte, diesen Eigenwechsel überflüssig gemacht habe, entstanden. Abgesehen von einzelnen, minder wichtigen, Einwänden gegen die Details des von diesen Schriftstellern angenommenen Entwickelungsganges, der in der Grundauffassung mit der im Vorstehenden vertretenen Meinung übereinstimmt, ist vor allem zu monieren, daſs sowohl Neumann und v. Canstein, wie Goldschmidt irriger Weise die Tratte aus dem „domizilierten Eigenwechsel“ dem instrumentum ex causa cambii hervorgehen lassen, statt, wie nach den vorstehenden Ausführungen richtig wäre, aus dem instrumentum, der cautio discreta, schlechthin. Diejenigen Einzelheiten, in welchen sich Goldschmidts Ausführung von den Darlegungen des von ihm durchaus ungenügend gewürdigten Neumann unterscheidet, insbesondere die Hineinziehung der „passiven Ordreklausel“ in den Entwickelungsgang, sind ebenso wenig haltbar, wie die quellenmäſsige Begründung, welche seit der Kritik Schaubes im wesentlichen wohl für endgültig erledigt gelten kann. Allerdings ist die Ausführung von Schaube über Durantis, wie oben S. 57 fg. dargelegt, unzutreffend, und die Tratte von 1335 enthält insofern eine Stütze der Hypothese Goldschmidts, als sie in der That von einer carta begleitet gewesen ist (cf. oben S. 47), aber auch Goldschmidt hat die Erörterungen des Durantis unrichtig interpretiert, und die Folgerungen, welche sich aus der Tratte von 1335 für seine Ansicht ergeben könnten, nicht genügend hervorgehoben.

Die vorstehend analysierten literae clausae, insbesondere die beigebrachten Beispiele der enuntiativen Stipulationsurkunde stützen aber nicht nur die im Vorstehenden vertretene Hypothese über die Entstehung der Tratte, sondern entziehen auch den übrigen in neuerer Zeit auf Betrachtung anderen Quellenmaterials gegründeten Hypothesen die urkundliche Grundlage. Es gilt dies besonders von den Ausführungen von Schaube, Zeitschrift der Savigny-Stiftung Germ. Abt. Band XIV S. 128 (denen sich Grünhut, ohne irgend eine Würdigung der von Schaube selber hervorgehobenen Bedenken, welche sich aus den späteren Forschungen Schaubes zum mindesten gegen die Allgemeingültigkeit dieses Hypothese ergeben, anschliefst) und von Lastig, Zeitschr. f. Handelsr. XXIII S. 169 fg. Nach Schaube ist die Tratte aus einer in einem gewöhnlichen Handlungsbriefe enthaltenen Zahlungsaufforderung des Trassanten an den Trassaten dadurch entstanden, dafs man diese Aufforderung (hauptsächlich um ihre gleichzeitige Ankunft mit der Einkassierungsaufforderung des Remittenten an den Remissar zu erzielen) aus dem Handlungsbriefe loslöste, und sie dem Remittenten zur Beförderung übergab, und nach Lastig hat die Tratte ihre Form und ihre rechtliche Funktion den mit exekutiver Kraft bekleideten Eintragungen in die Handelsregister zu verdanken und ist aus Benachrichtigungen von einer solchen Bucheintragung zwecks Erwirkung einer konformen Bucheintragung entstanden. Das Quellenmaterial, welches diese Hypothesen stützen soll (bei Schaube briefliche Mitteilungen über Remittierungsgeschäfte in der Korrespondenz der Cerchi, aus welchen er Rückschlüsse auf eine frühere Entwickelung macht, für die er später in der Korrespondenz der Tolomei [Ztschr. f. H. XXIII S. 9 fg.] Beispiele gefunden zu haben glaubt, und bei Lastig Bucheintragungen über Geldremittierungsgeschäfte aus dem Jahre 1300, in welchen er Vorbilder der Valutaklausel der l. d. p. sieht), kann jedenfalls dann nicht mehr als Beleg für den historischen Gang der Entwickelung angesehen werden, wenn, wie in Vorstehendem geschehen, nachgewiesen wird, dafs Beispiele der vermeintlich späteren Entwickelungsstufe älter sind, als Beispiele der früheren Formen. Die unverkennbare Ähnlichkeit sowohl der in der Korrespondenz der Tolomei enthaltenen direkten Benachrichtigungen des Trassaten, als auch der bei Lastig abgedruckten Darstellungen des Schuldgrundes bei Bucheintragungen über Remittierungsgeschäfte mit der Valutaklausel der Tratten des 14. Jahrhunderts erklären sich daraus, dafs alle drei Aufzeichnungen das mit einander gemeinsam haben, dafs sie formlose Darlegungen des Schuldgrundes eines Remittierungsgeschäftes sind: eine weitere Folgerung aus dieser Gemeinsamkeit, insbesondere die, dafs zwischen ihnen eine historische Entwickelungsbeziehung bestehe, ist nicht gerechtfertigt. Im einzelnen ist gegen Schaube zu bemerken, dafs es zwar sehr möglich und auch sonst z. B. von Neumann S. 100 fg. schon angedeutet ist, dafs die selbständige l. cl. sich aus gewöhnlichen, vom Absender direkt an den Empfänger geschickten, Briefen entwickelt hat, aber dafür, dafs diese Entwickelung sich gerade im Geldremittierungsverkehr der italienischen Handelsgesellschaften im Laufe des 13. Jahrhunderts vollzogen haben sollte, liegt nicht nur nichts vor, sondern die ganze Entwickelung ist im mittelalterlichen Rechtsleben jedenfalls lange vor dem Auftreten der lettera di pagamento schon vollendet, und insbesondere die italienischen Kaufleute haben selbständige l. cl. (Anweisungen im Sinne des deutschen Handelsgesetzbuches), wie die brevia de liberate beweisen, schon im Anfange des 13. Jahrhunderts kennen gelernt. Und in den Ausführungen von Lastig ist m. E. mit Recht behauptet, dafs die exekutive Kraft der kaufmännischen Skripturen sich entwickelt hat im Anschlufs an die exekutive Kraft der Eintragungen in die Handlungsbücher; aber aus dieser Thatsache folgt keineswegs, dafs auch die urkundliche Form einer jener kaufmännischen Skripturen sich gebildet habe im Anschlufs an diese Eintragungen.

Ein auf den ersten Blick sehr überzeugendes Argument für die Hypothese Schaubes bildet die Thatsache, dafs die ältesten lettere di pag. bisweilen mit dem Remittierungsgeschäft nicht zusammenhängende Mitteilungen des Ausstellers an den Adressaten enthalten. Man sollte meinen, dafs hieraus sich der Schlufs ergebe, dafs diese lettere direkt aus gewöhnlichen Handelsbriefen entstanden sind, da sie ja den Briefcharakter noch nicht einmal völlig abgestreift haben. Wenn wir jedoch sehen, dafs ganz dieselben Zuthaten sich auch in der litera clausa des Mornewech (Nr. 557) finden, welche doch, wie die Briefe Kaiser Friedrichs zeigen, nichts ist, als ein Beispiel eines bereits seit mehr als 50 Jahren von dem gewönlichen Briefe zur Anweisung fortgeschrittenen Beurkundungstypus, so werden wir auch in dem Briefinhalte der lettere di pagamento nicht ein Überbleibsel einer eben erst verlassenen Entwickelungsstufe erblicken, sondern eine gelegentliche Nutzbarmachung der verschlossenen Anweisung zu Zwecken, welchen sie an sich längst fremd geworden war.

II. Obwohl angesichts der insbesondere von Neumann und v. Canstein angenommenen Entstehungsgeschichte der Tratte die im Vorstehenden näher dargelegte Erklärung des Rechtsgrundes, auf welchem der Regrefs aus der Tratte beruht, sehr nahe gelegen hätte, hat Neumann die Herleitung des Regresses aus der Valutaklausel (S. 193) ausdrücklich abgelehnt[1] und auch Goldschmidt meint (S. 431), es finde sich kein Anhalt dafür, dafs die Valutaklausel eine Wechselregrefsklage erzeugt hätte, vielmehr beruhe der Regrefs darauf, dafs das Wechselregrefsversprechen der Anweisung einfach „subintelligiert" sei. Aber abgesehen davon, dafs diese „Subintelligierung" eine reine Fiktion ist (dafs Baldus, aus welchem Goldschmidt seine Meinung begründen will, ganz anders zu verstehen ist, ist oben S. 65 dargelegt), läfst sich der Beweis dafür, dafs der Wechselregrefs wirklich an die Valutaklausel anknüpft, auch positiv führen. Ein Regrefs findet nämlich auf Grund der lettera di cambio keineswegs unbedingt, sondern nur dann statt, wenn die Valutaklausel ergiebt, dafs ein die Entschädigungsklage des Tratteninhabers rechtfertigendes Rechtsverhältnis auch wirklich der Tratte zu Grunde liegt. Insbesondere ist der Regrefs ausgeschlossen, wenn die Valutaklausel lautet conti a noi, oder, wie die ursprüngliche Form heifst, che noi abbiamo avuti da noi medesimo (cf.

[1] Über v. Canstein unten S. 96.

oben S. 79) denn „Nec illa verba in literis Cambii apposita ‘conti a noi’ habent hanc vim, quod significent numerationem, sed prout a mercatoribus cambiorum peritissimis capta fuit informatio . . . . sonant hoc videlicet ‘cambiati in noi’, nec ex iis verbis alio non apparente oritur aliqua obligatio.“ Rot. Gen. Dec. 104 § 5.

Wenn somit die Erörterungen der übrigen modernen Schriftsteller insoweit das Richtige treffen, als sie die Regreſsverbindlichkeit des Trattenausstellers in irgend einer Weise aus der Valutaklausel ableiten, so ist doch andererseits zu bemerken, daſs diese Ableitungsversuche, ganz zu schweigen davon, daſs eine historische quellenmäſsige Begründung (wenn man von v. Canstein und Schaube absieht) überhaupt nicht versucht zu werden pflegt, sämtlich nicht einmal dogmatisch zureichend sind. So sagt v. Canstein, für den doch nach seiner Entstehungshypothese der Gesichtspunkt sehr nahe gelegen hätte, daſs die Haftung des Ausstellers einer Tratte auf demselben Rechtsgrunde beruhe, wie die des Ausstellers eines Eigenwechsels, nämlich auf Nichterfüllung des Zahlungsversprechens, S. 18 „Auf Grund seines Bekenntnisses, den erlegten Betrag erhalten zu haben, haftet der Trassant für Zahlung der Wechselsumme und Schadenersatz . . . .“ Hiergegen hat schon Baldus cons. I 348 mit Recht eingewendet „non omnis numeratio eum, qui acceperit, obligat sed solum prout actum est inter contrahentes“, aus der einfachen Thatsache des Geldempfanges läſst sich ohne ein Zurückgehen auf eine dem Empfange korrespondierende Verpflichtung zur Rückzahlung eine Regreſshaftung nie begründen.

Ebenso wenig kann solche Haftung begründet werden auf die Behauptung, daſs „das Valutabekenntnis . . . die Garantie für die richtige Zahlung begründet und ausdrückt, zugleich aber den Wechselnehmer als Herrn des Wechsels[1]

---

[1] Im Hamburger Statut II 7 Art. 11 wird der Remittent (des Remittierungsvertrages) als „Herr des Wechsels“ (Wechsel im Sinne vom Remittierungsvertrag genommen) bezeichnet; entsprechend der lateinischen

bezeichnet“ (Biener S. 106), dafs der Aussteller indem er „in dem Papiere bekannte, das Geld (Valuta) empfangen zu haben, erklärte . . . dafs die angewiesene Summe dem Empfänger der Anweisung für sich selbst zukommen sollte,“ „das periculum und eine Garantie für die wirkliche Einlösung“ übernommen hätte (Grünhut S. 33), dafs der Wechsel „eine Summengarantie“ sei „als deren Rechtsgrund die empfangene Valuta gelte“. (Kuntze bei Endemann S. 131.) Denn eine solche Garantie ist ebenso eine reine Fiktion wie das „subintelligierte Regrefsversprechen“ bei Goldschmidt und ein Grund, weshalb man diese Garantie hinter einem Empfangsbekenntnis versteckt haben sollte, ist schlechterdings nicht einzusehen, es sei denn, dafs man annehmen will, die Urheber der Tratte hätten der Nachwelt ein recht verzwicktes Rätsel aufgeben wollen.

Auch damit kann die Regrefshaftung nicht begründet werden, dafs man sagt, der der Ausstellung zu Grunde liegende Vertrag, der „Kauf einer Geldsumme“ etc., das cambium, begründe eine Haftung des Ausstellers, des „Verkäufers“ (Endemann Studien I S. 198), denn dieser Satz ist an sich allerdings richtig, er erklärt aber nur die Haftung aus dem unterliegenden Vertrage, und nicht die Haftung aus der Urkunde. Ebenso unzureichend ist die Begründung Bieners (S. 70), die Haftung des Ausstellers sei daraus zu erklären, dafs die Valutaklausel den Beweis liefere, der Remittent habe die Anweisung gekauft, und dafs „nach natürlicher Billigkeit und kaufmännischen Principien“ der Verkäufer einer Anweisung „unbedingt gehalten“ sei, „das Eingezahlte

---

Phrase dominus cambii. Offenbar in Reminiscenz an diese Stelle redet nun Biener von einem „Herrn des Wechsels“ im Sinne von Wechselurkunde, Grünhut aber folgt ihm (allerdings ohne ihn zu nennen) nicht nur, sondern hat sogar aus dem dominus cambii einen „Herrn des Papiers, dem der Wert einverleibt ist“ gemacht und zieht aus dieser Qualifizierung des Valutagebers in Verbindung mit der ebenso unbegründeten Behauptung, die Valutaklausel sei eine Quittung, die ganz unverständliche Folgerung, dafs durch sie ein Widerruf des Zahlungsauftrages abseitens des Anweisenden ausgeschlossen worden sei.

sogleich herauszugeben, wenn der zugesagte Erfolg, die Zahlung, nicht eingetreten war". War der Gegenstand des Kaufs wirklich nur eine Anweisung, so ist nicht einzusehen, weshalb der Verkauf einer solchen Anweisung dem Verkäufer weitergehende Verpflichtungen auferlegen sollte, als eine aus anderem Rechtsgrunde übernommene Verbindlichkeit zur Lieferung einer Anweisung; ging aber die Verbindlichkeit des Verkäufers aufser auf Lieferung einer Anweisung auch noch auf ein Einstehen für die Einlösung, so ist eben nicht eine reine Anweisung verkauft, sondern eine Anweisung mit Regrefsverpflichtung; dann aber ist nicht das Vorliegen eines Kaufes und die Beurkundung der Einzahlung in der Valutaklausel, sondern eben die Übernahme dieser Regrefsverpflichtung der Grund für die Regrefshaftung, und wie solche Haftung aus der Anweisungsurkunde hergeleitet werden soll, bleibt unerklärt.

Einen erheblichen Fortschritt gegenüber den bisher besprochenen Anschauungen der Juristen enthalten die Ausführungen Schaubes, Ztschr. der Sav. St. XIV S. 143 fg. Schaube fafst die Valutaklausel mit Recht nicht als Empfangsbekenntnis sondern als Darlegung des Schuldgrundes auf. Der Zweck dieser Darlegung ist nach ihm zunächst der einer Mitteilung „da . . die Socii oder Geschäftsfreunde unter einander ein . . . . Interesse daran hatten, zu erfahren, warum sie zu zahlen . . . hatten, so lag es schon aus diesem Grunde nahe, in der Tratte . . . . . auch den Grund der Wechselverpflichtung in Kürze mitzuteilen". „Diese Mitteilung", fährt er sodann fort, „hatte aber noch einen anderen Zweck" . . . . es „war mit der Angabe des Wechselgrundes zugleich die Angabe des Betrages der empfangenen (oder unter Umständen noch zu empfangenden) Valuta verbunden; in beiden Angaben war also gleichzeitig das Schuldanerkenntnis von seiten des Trassanten[1] enthalten". „Und wenn Trassant und Trassat . . . . im

[1] Hierfür beruft sich Schaube allerdings mit Unrecht auf v. Canstein (cf. oben S. 95).

Societätsverhältnis zu einander standen, so schlofs die Zahlungsaufforderung . . . . zugleich die Anerkennung der Zahlungsverbindlichkeit der Gesellschaft . . . . in sich; die Anweisung war in diesem Verhältnis kein blofser Versuch, zu zahlen, vielmehr folgte aus diesem Verhältnis die Verpflichtung für den Bezogenen, zu zahlen, und falls dies nicht geschah, die Verpflichtung für die Gesellschaft, für die Nichtzahlung aufzukommen. Damit ist die Haftung des Ausstellers des Briefes gegeben . . . .". Es wird sodann dargelegt, dafs im Kaufmannsgericht die einfache Skriptur denselben streng verbindlichen Charakter gehabt habe, wie ein notarielles Instrument, und deshalb dem Gläubiger ebenso viel Sicherheit gewährt habe, wie dieses.

Mit Recht hat Schaube hier die Regrefshaftung auf die Anerkenntnis- (richtiger Zahlungsversprechen-) Funktion der Valutaklausel begründet, aber die Art, wie er diese Funktion aus der Mitteilungsfunktion ableitet, kann als richtig ebensowenig anerkannt werden, wie die Verquickung der Frage nach dem Grund der Regrefshaftung des Ausstellers mit der Frage nach dem Grund der Verbindlichkeit des Adressaten. Dafs die an den Angewiesenen gerichtete Mitteilung des Schuldgrundes nicht ohne weiteres ein einen Verpflichtungsgrund bildendes Schuldanerkenntnis gegenüber dem Anweisungsempfänger enthält, versteht sich von selbst (cf. oben S. 67); [wäre es anders, so hätten wir in allen den vielen Anweisungen, denen Mitteilungen des Schuldgrundes hinzugefügt sind, insbesondere in den brevia de liberate, ebenso viele Wechsel vor uns] und weshalb dies Verhältnis dadurch geändert werden sollte, dafs der Anweisung ein Geldremittierungsgeschäft zu Grunde liegt, oder dafs Aussteller und Adressat Socien, oder dafs sie Kaufleute sind, ist weder an und für sich einzusehen, noch von Schaube nachgewiesen. Den Nachweis, dafs und wie die Schuldscheinfunktion der Valutaklausel entstanden ist, welcher Nachweis den eigentlichen Kern des zu lösenden Problems bildet, liefert der im vorstehenden Abschnitte dargelegte Entwickelungsgang von der Anweisung zur, zunächst an das intrumentum angelehnten dann aber selbständigen enuntiativen Stipulationsurkunde, und von dieser über die litera clausa mit formlosem Erfüllungsversprechen zur lettera di pagamento mit einfachem Empfangsbekenntnis.

Ferner ist es zwar richtig, dafs der Trassat, wenn der Trassant sein Socius, oder wenn der eine von beiden Bevollmächtigter des Anderen ist, auch ohne Accept zur Honorierung der Tratte verpflichtet ist, aber diese Verpflichtung gründet sich auf den vom Trassanten abgeschlossenen Vertrag und nicht auf die Mitteilung dieses Vertrages in der Anweisung, denn diese Mitteilung gewinnt, wenn sie eben nur eine Mitteilung ist, nicht dadurch den Charakter eines dem Anweisungsempfänger gegenüber abgegebenen verpflichtenden Anerkenntnisses, dafs sie von einem Socius an den anderen, oder vom Vertreter an den Vertretenen erfolgt. Die von Schaube schliefslich noch berührte Frage „inwiefern das in der Tratte enthaltene Schuldanerkenntnis dem Gläubiger Sicherheit gewährte", kann natürlich erst aufgeworfen werden, wenn vorher festgestellt ist, dafs und weshalb ein Schuldanerkenntnis, ein verpflichtender Urkundeninhalt, überhaupt vorhanden sei; erst dann kann erwogen werden, ob das Verfahren vor den Kaufmannsgerichten und der Prozefs aus Kaufmannsskripturen einen Ersatz der fehlenden notariellen Beglaubigung boten.

Dritter Abschnitt.

Das Accept.

---

§ 1.

Entstehung und Formen des Acceptes.

Für die Erklärung der rechtlichen Beziehungen zwischen dem Bezogenen und den übrigen Wechselpersonen ist zunächst die Eigenschaft der Tratte als eines Verpflichtungsscheines aufser Acht zu lassen und davon auszugehen, dafs sie eine briefliche Aufforderung an den Adressaten ist, die durch Angabe ihres Entstehungsgrundes näher individualisierte Zahlungsverpflichtung zu erfüllen, dafs diese Aufforderung von dem Aussteller aber nicht, wie ein gewöhnlicher Brief, durch eine beliebige Art der Beförderung dem Adressaten direkt übersendet, sondern bestimmungsgemäfs derjenigen Person, welche die Zahlung erhalten soll, zur Überbringung an den Adressaten übergeben wird. Aus diesem thatsächlichen Hergange, welcher die unqualifizierte an den Adressaten gerichtete briefliche Zahlungsaufforderung zur Anweisung im Sinne des Art. 300 H. G. B. macht, ergiebt sich zunächst die faktische Möglichkeit, dafs durch irgend welche Erklärungen oder ein sonstiges Verhalten des Adressaten bei Entgegenahme des Briefes Beziehungen rechtlicher Art zwischen dem Adressaten und dem zugleich zur Entgegennahme der Zahlung destinierten Überbringer des Briefes entstehen; würde sich die Funktion des Überbringers lediglich mit der Übergabe des Briefes erschöpfen, so wären solche Beziehungen ausgeschlossen.

Nun ist es als ein allgemein im Handelsverkehr geltender Satz von den Postglossatoren bezeugt, dafs ein Kaufmann durch widerspruchslose Annahme eines Briefes mit einem für die Rechtsbeziehungen zwischen dem Schreiber und Adressaten irgendwie rechtserheblichen Inhalt den Inhalt des Briefes als für sich rechtsverbindlich anerkennt; der Kaufmann ist verpflichtet, gegen rechtserhebliche briefliche Erklärungen alsbald Protest einzulegen, andernfalls gilt er als mit ihnen durch sein Stillschweigen einverstanden. Diesen Satz bezeugen u. a. Bartolus (1314—1357) ad l. Titius D. de consti. pecu.: tene menti hanc legem pro literis mercatorum, quae transmittuntur quotidie . . . quaero, cum ad quodlibet pactum requiratur consensus duorum .... quomodo probabit ille, ad quem epistola missa est, quod huic epistolae consensit. Resp.: eo ipso, quod eam recipit et non contradicit, consentire videtur, und ad l. cum tabernam § Idem quaesiit D. de pign. act.: nota ex hac lege, quod sufficit, quod quis ostendat literam sibi destinatam, nec requiritur, quod probet, se tunc acceptasse, videtur enim acceptare literam, cum ipsam retinet. Baldus in rubr. C. de fide instr. Nr. 67. Quaero quid de literis transmissis de uno ad alium mercatorem: Resp., ille, qui acceptat literas, videtur fateri, esse verum, quod continetur in illis, secus si non acceptat ...., und l. si filiusfam. D. ad Maced: Qui accepit literas sibi directas, si non contradicit, consentire videtur... et nota hanc legem pro mercatoribus, qui quotidie unus scribit alteri, quod ille, qui acceptat literas, videtur confiteri eas, quod est notabile....

In späteren Zeiten ist dieser Satz besonders von Mattheus de Matthesilanis (um 1450) im singulare 22 (bezw. 23) näher ausgeführt worden und wird in zahlreichen Konsilien angewendet; statt aller möge auf das Consilium I 78 des Alexander Tartagnus verwiesen werden. Anwendungen dieses Satzes sind insbesondere, dafs der Beauftragte sich durch Entgegennahme des (Vollmachts-)Briefes (in dem zugleich der Auftrag gefunden wird) verpflichtet, den Auftrag auszuführen (Baldus ad l. cit. si filiusf.) und dafs der Empfänger eines kaufmännischen Bestätigungsbriefes über ein zwischen ihm und dem Briefschreiber abgeschlossenes Geschäft sich durch Entgegennahme des Bestätigungsbriefes damit einverstanden erklärt, dafs das Geschäft, wie im Briefe enthalten, abgeschlossen sei (Mattheus de Matthesilanis l. c. vgl. auch sing. 80).

Die Anwendung dieses Satzes auf die im Zahlungsbriefe enthaltene Zahlungsaufforderung würde zunächst nur die Konsequenz ergeben, dafs der Adressat durch vorbehaltlose Annahme des Briefes dem Aussteller gegenüber verpflichtet würde, Zahlung zu leisten [1]; sie ergiebt jedoch noch eine andere Konsequenz, wenn man die materiellen Rechtsbeziehungen beachtet, welche zwischen Trassanten und Trassaten in den ältesten uns erhaltenen Anwendungsfällen der litera clausa und der lettera di pagamento obwalten.

Allen bis jetzt bekannten Einzelbeispielen der litera clausa und der lettera di pagamento ist nämlich das thatsächliche Moment gemeinsam, dafs (nach Inhalt der vom Aussteller abgegebenen Erklärung und unter Voraussetzung ihrer thatsächlichen Richtigkeit) zwischen dem Aussteller und Adressaten ein Rechtsverhältnis besteht, inhalts dessen der

[1] Es ist deshalb das hier zu lösende Problem nicht damit abgethan, dafs man sagt (von Salpius, Novation und Delegation S. 479): „Wer den Brief annahm — das hing mit der kanonischen Theorie der epistola zusammen —, gegen den wurde er beweisend, d. h. verpflichtend.“ Denn abgesehen davon, dafs es sich hier nicht um kanonische Theorie, sondern um handelsrechtliche Praxis handelt, ist doch die Frage eben die, was denn der Brief beweist und zu was er verpflichtet. Das in ihm enthaltene Mandat geht lediglich vom Aussteller an den Adressaten; seine Annahme verpflichtet also letzteren auch nur dem Aussteller gegenüber; soll behauptet werden, der Brief enthalte noch mehr, so mufs dies Mehr dargelegt und der Weg gezeigt werden, auf welchem dadurch, dafs dies Mehr mittels Annahme des Briefes verpflichtend für den Adressaten wird, ein Vertragsnexus zwischen dem Adressaten und dem Überbringer der Anweisung zu stande kommt.

Aussteller berechtigt ist, den Adressaten zu verpflichten, der Zahlungsaufforderung nachzukommen. In denjenigen Beispielen, welche rein privatrechtliche Verhältnisse betreffen, deren materielles Recht wir kennen, ergiebt sich sogar völlig klar, dafs der Aussteller berechtigt ist, den Adressaten dem forderungsberechtigten Dritten gegenüber zu verpflichten. Mornewech handelt als Bevollmächtigter des Lübecker Rates und nimmt die Darlehn lediglich in dieser seiner Eigenschaft auf; in sämtlichen übrigen Fällen der lettera di pagamento gehören Trassant und Trassat nach Inhalt der Erklärung des Trassanten einer Handelsgesellschaft an, und für diese Gesellschaften besteht nach einem (für die Bankiergesellschaften auch von den Postglossatoren anerkannten) Gewohnheitsrechte die Solidarhaftung aller Mitglieder für Schulden, welche ein Mitglied im Betriebe des Handelsgewerbes macht. Die Fürsten aber, welche als Aussteller der litera clausa erscheinen, verfügen über ihre Einkünfte oder Vermögensstücke, welche in der Verwaltung ihrer Beamten, oder (wie im Falle der Kaiserin Maria) dritter Personen sind, und ihre Zahlungsaufforderungen gehen nach Sachlage nur dahin, dafs die Adressaten als Vertreter des Ausstellers bei Effektuierung der Zahlung thätig werden sollen. In allen Fällen stehen also Briefaussteller und Adressat dem Forderungsberechtigten als juristische Einheit gegenüber, sei es auf Grund gegenseitigen Vertretungsverhältnisses oder eines Dienstverhältnisses zwischen ihnen, sei es als solidarisch haftende Mitglieder einer Personengesamtheit. Zu vorstehenden Ausführungen stimmt auch, dafs Durantis seine Erörterungen über die Haftung aus der litera ganz ebenso auf den Aussteller wie auf den Adressaten angewendet wissen will und ausdrücklich betont, dafs der Aussteller Vertreter der Adressaten, seiner Socien, sei. Dafs wir hier keine rein zufällige Erscheinung vor uns haben, ergiebt sich daraus, dafs bis über die Mitte des 14. Jahrhunderts hinaus die uns in den Wechselprotesten erhaltenen Annahmeverweigerungen lediglich die Begründung enthalten, der Trassant sei nicht

Socius des Trassaten. Darauf also, ob der Trassat Schuldner des Trassanten ist, oder ob er Deckung erhalten hat (in dem Falle bei Bonaini vom Jahre 1335 wird, trotzdem Deckung mit der Tratte zugleich übersendet ist, die Annahme geweigert), kommt gar nichts an; wer nicht schon als Socius des Trassanten aus dem vom Trassanten geschlossenen Vertrage verpflichtet ist, acceptiert nicht.

Unter solchen thatsächlichen Verhältnissen ist die Tratte nicht schlechthin ein „Auftrag, eine Vermögensleistung zu machen“, dessen Annahme nur zwischen Mandant und Mandatar ein Rechtsverhältnis entstehen läfst, sondern sie ist aufserdem noch, und zwar in erster Linie, eine Mitteilung des Ausstellers, dafs er ein den Adressaten verpflichtendes Geschäft abgeschlossen habe und dafs aus diesem Geschäft der Urkundeninhaber eine Forderung erworben habe. Auf diesen Sachverhalt angewendet, ergiebt der Satz, dafs, wer einen Brief vorbehaltlos annimmt, dessen ihm präjudizierlichen Inhalt als für sich verbindlich anerkennt, die Folgerung, dafs der Trassat durch Annahme der litera pagamenti anerkennt, der Trassant habe innerhalb seines Geschäftskreises gehandelt, indem er den Trassanten dem aus der Urkunde Berechtigten gegenüber verpflichtete, und dafs deshalb die Societät, insbesondere der Briefempfänger, dem Urkundenberechtigten gegenüber zur Zahlung gehalten sei. Diese Erklärung ist an den Überbringer des Briefes, nicht an den Schreiber desselben gerichtet.

Als die Tratte dann nach und nach über ihr ursprüngliches Anwendungsgebiet hinaus auch in solchen Fällen gebraucht wurde, wo Trassant und Trassat nicht eine Personeneinheit im oben dargelegten Sinne bilden, änderte sich die Bedeutung der Rechtsfolgen der Annahme des Briefes; diese Annahme wurde aus der Anerkennung einer bereits begründeten Verpflichtung zur Übernahme einer neuen. Dafs dieser Übergang der Verwendung der Tratte zu andern als ihren ursprünglichen Anwendungsfällen sich ganz unvermerkt vollziehen konnte, wird man leicht einsehen, wenn man erwägt, wie wenig scharf in der hier fraglichen Beziehung für den Verkehr die Grenze zwischen dem Rechtsverhältnis unter den häufig wechselnden Socien der italienischen Handelscompagnien und dem Rechtsverhältnis unter Geschäftsfreunden ist, welche sich gegenseitig verpflichten, ihre Tratten zu honorieren.

Aus diesem Gedankengang ist die älteste Art des Wechselacceptes, das acceptum per retentionem literarum, entstanden Es wird überall als ein Anwendungsfall des oben besprochenen allgemeinen Handelsgebrauches erklärt. Vgl. z. B. Angelus de Ubaldis ad l. si filiusf. D. ad sc. Mac. . . . eo ipso, quod mihi scribitur epistola, in qua notificatur aliquid, quod ei consentiendo mihi praeiudico, [et quod] epistolam recepiendo et non contradicendo approbare videor . . . debet ergo protestatio in contrarium fieri. Item nota hanc legem pro literis pagamentorum, quae mittuntur quotidie mercatoribus; eo ipso quod litera est lecta et recepta, videtur approbata, nisi in contrarium protestatus est, und Alexander Tartagnus fügt in seinen Anmerkungen zu Bartolus ad l. cum tabernam § idem quaesiit den oben S. 102 citierten Worten des Bartolus hinzu „nota pro campsore . . . et illud quod dicit hic Bartolus est verum, nisi dicat, se nolle obligari protestando. . . . Im 16. und 17. Jahrhundert haben insbesondere Bursatus cons. 39 und Scaccia § 2 gl. 5 Nr. 336) die Entstehung des acceptum per retentionem literarum aus vorstehendem Gedankengange hergeleitet.

Das Accept per retentionem literarum ist zwar, soweit mir bekannt, erst in einer Zeit bezeugt, in welcher sich auch das schriftliche Accept auf der Tratte schon findet (Angelus de Ubaldis starb 1410; seine Wirksamkeit als Lehrer und Praktiker, während welcher wohl auch seine Schriften verfaſst sind, hört allerdings schon im Jahre 1399 auf, und Salicetus, dessen hierher gehörige Ausführungen unten zu besprechen sind, schrieb in den Jahren 1389 und nach 1400), daſs es aber nicht eine dem schriftlichen Accept gleichzeitige sondern eine ältere Rechtsbildung darstellt, scheint mir unzweifelhaft. Nicht nur ist es, wie ausgeführt, eine einfache Anwendung allgemeinerer Grundsätze, sondern die

Tratte erscheint hier auch äufserlich ganz in der Funktion eines einfachen Anweisungsbriefes und nicht wie ein Schuldschein. Der Überbringer giebt die Tratte ab, wie man einen lediglich Mitteilungen enthaltenden Brief abgiebt, nur damit der Adressat vom Inhalt des Briefes Kenntnis nimmt, und ohne irgendwie Zahlung oder eine Anerkenntnisurkunde zu erhalten. Würde der Empfänger des Briefes die Zahlung unterlassen, so wäre ein Beweis für das geschlossene Geschäft, wie ihn ein Schuldschein liefert, ebenso ausgeschlossen, wie die Verwendung der Tratte als Schuldschein bei dem Regrefs gegen den Aussteller. Der Natur der Tratte als eines Schuldscheines würde es allein entsprechen, dafs der Inhaber nur gegen Zahlung der verbrieften Summe den Schein auslieferte.

Es kann daher nicht überraschen, dafs, je klarer der Gedanke, dafs die Tratte ein Verpflichtungsschein ist, in seine Konsequenzen verfolgt wurde, umsomehr das Accept per retentionem literarum sich als unpraktisch erweisen mufste.

Bei Unterstellung der vorstehend geschilderten thatsächlichen Verhältnisse und der aus ihnen entwickelten ursprünglichen Funktion des Acceptes als einer Erklärung darüber, dafs der Mitteilungsinhalt der Tratte der Wahrheit entspreche und also der Trassat zur Erfüllung des Zahlungsauftrages dem Urkundeninhaber gegenüber verpflichtet sei, entspricht es dem Charakter der Tratte, als eines Schuldscheines mit hinzugefügter Zahlungsaufforderung, dafs die Kenntnisnahme vom Inhalt des Scheines dem Trassaten nicht durch Übergabe, sondern nur durch Vorzeigung des Scheines vermittelt wird, und dafs der Trassat lediglich auf die Vorzeigung hin seine Erklärung abgiebt. Mit Rücksicht auf die Wichtigkeit dieser Erklärung für das Rechtsverhältnis zwischen dem Gläubiger und dem a b w e s e n d e n Aussteller hat ferner der Präsentant des Scheines ein sehr erhebliches Interesse daran, sich den Beweis dieser Erklärung zu sichern. Aus dem Zusammenwirken dieser Erwägungen erklärt sich Inhalt und Fassung der ältesten bis jetzt bekannten statutarischen Bestimmungen, in welchen das schriftliche Accept vorkommt, St. della corte dei mercanti di Lucca von 1376 und St. della Mercantia von Florenz 1393 (bei Lastig, Ztschr. XXIII S. 174. 175), Verordnung des Magistrats von Barcelona vom 18. März 1394 (bei Martens S. 108). Der Inhalt dieser Bestimmungen ist nicht das Gebot schriftlichen Acceptes, sondern das Gebot einer schriftlichen Erklärung (gleichviel welchen Inhalts) auf die in der Tratte enthaltene Zahlungsaufforderung. Der Trassat soll seine Äufserung auf die Vorlegung der Tratte schriftlich abgeben, einerlei, wie diese Äufserung lautet. Er soll „per scriptura di sua mano acceptare . . ., o rifiutare, o renuntiare (Lucca); ille cui fiet repraesentatio . . . teneatur . . . acceptasse . . . et si acceptaretur . . . teneatur eam subscribere, alioquin intelligatur . . . renuntiata. Et . . . officialis teneatur cogere talem, cui dictae literae dirigerentur, ad subscribendum in licteram, qualiter renumptiaverit vel saltim in continenti ad requisitionem recipere debentis per suas licteras fidem facere de tali renumptatione (Florenz); tota persona . . . a qui . . . sera presentada . . . alguna letra de cambio, hage a respondre dins 24 horas, apresque le li haverà presentada, si complirà lo dit cambi ò no, è la resposta, qua farà, harà scrivre al dos de la letra“. Das Accept ist also nichts als ein specieller Fall der Erklärung auf die Zahlungsaufforderung.

Interessant ist auch die Regelung der Rechtsfolgen, welche die Verweigerung einer jeden Erklärung nach sich zieht. In Barcelona wird verordnet „Si aquell, a qui la dita letra de cambi serà presentada, no haurà feta la dita resposta . . . qne lo dit cambi li vage per otorgat (genehmigt) e no res menys remangue obligat, a fer compliment dins lo temps en la letra del cambi contengut“ . . ., eine offenbare Reminiscenz an die Zeit, in welcher die Tratte nur in Verhältnissen verwandt wurde, in welchen der Trassant den Trassaten durch Eingehung des der Ausstellung zu Grunde liegenden Geschäfts ohne weiteres mit verpflichtete, und also der Trassat nicht besonders zu acceptieren brauchte, sondern nur dann die Erfüllung der Zahlungsaufforderung verweigern konnte, wenn der Trassant dem Gläubiger über die thatsächlichen Verhältnisse, welche zwischen ihm und dem Trassaten obwalteten, falsche Angaben gemacht hatte. In Florenz dagegen heifst es „ille qui acceptaverit teneatur solvere“, hier hat sich die Anwendung der Tratte bereits so weit über die ursprünglichen Verhältnisse, in denen sie vorkam, hinaus verbreitet, dafs es schon einer besonderen Erklärung des Trassaten bedarf, wenn er überhaupt haftbar gemacht werden soll.

§ 2.

Rechtliche Natur der Verpflichtung des Acceptanten.

I. Wie im vorigen Abschnitte dargelegt, ergiebt der Satz von der verpflichtenden Kraft der Annahme des Briefes in seiner Anwendung auf die Tratte, dafs derjenige, welcher die Tratte entgegennimmt, oder (was, wie ausgeführt, dieselbe Rechtswirkung hat) schriftlich acceptiert, sich persönlich dem Gläubiger gegenüber, und nicht lediglich dem Aussteller gegenüber als Mandatar verpflichtet.

Hieraus folgt, dafs der Acceptant nicht berechtigt ist, Einreden, auf Grund deren er dem Aussteller gegenüber die Ausführung des Zahlungsauftrags verweigern könnte, dem Gläubiger gegenüber geltend zu machen.

Eine Anwendung dieses Grundsatzes giebt die Erörterung des Salicetus zur l. pro debito C. de bonis auct. iud. poss. und l. si filius D. ad Sc. Mac. Er behandelt die Frage, ob der Acceptant deshalb dem Gläubiger die Zahlung weigern kann, weil der Aussteller nach dem Accepte in Konkurs geraten ist, und daher der Acceptant keine Deckung mehr hat. Diese Frage wird verneint.

Die Erörterung scheidet zunächst den Fall aus, dafs die Tratte dem Acceptanten übergeben ist. Die Formulierung des Thatbestandes dieses Falles in l. pro debito „ubi acceptavit, et tunc aut ei dimisi literas et ipse retinuit“, welcher Thatbestand auch in l. si filius dem Juristen vorschwebt, ergiebt, dafs hier nicht das eigentliche Accept per retentionem literarum, sondern der Fall behandelt wird, dafs der Forderungsberechtigte die Tratte nach dem Accepte dem Acceptanten ausgeliefert hat, wie anzunehmen gegen Gutschrift des Betrages in den Büchern des Acceptanten (worüber unten das Nähere). In diesem Falle liegt nach Salicetus eine Novation vor; die alte Schuld aus dem Accepte ist getilgt, und eine neue aus einem Schuldversprechen des Acceptanten (also einem von dem Accepte selber verschiedenen Akte) an ihre Stelle gesetzt. Mithin mufs der Acceptant unweigerlich Zahlung leisten.

Für zweifelhafter erklärt Salicetus die Entscheidung, im Falle der Gläubiger die Tratte nach dem Accepte bei sich behalten hat. Hier kann von einem neuen Schuldversprechen, mit dem sich der Gläubiger zufrieden giebt, und einer Tilgung der alten Obligation aus dem Accepte nicht die Rede sein, weil gerade das, worauf sich die Verpflichtung des Acceptanten aus dem Accepte gründet, nämlich die schriftliche Erklärung auf der Tratte, in Händen des Gläubigers geblieben ist (videtur, quod non novatur, quia fidem eius non sum plene secutus, quia id, propter quod tenetur, apud me retinui). Trotzdem entscheidet sich Salicetus dafür, dafs auch durch das Accept allein schon der Acceptant verpflichtet werde, dem Inhaber der Tratte Zahlung zu leisten, ohne Rücksicht darauf, dafs er dem insolventen Aussteller gegenüber die Einwendung der mangelnden Deckung erheben könnte, und zwar erklärt der Jurist diese Haftung aus dem Accepte für eine direkte Anwendung des in der l. si filiusf. aufgestellten Grundsatzes. Die l. si filiusf. ist, wie die oben angeführten Stellen aus Angelus de Ubaldis, Baldus u. a. ergeben, der hauptsächlichste Quellenbeleg, auf welchen die Postglossatoren die Lehre von der verpflichtenden Kraft der Briefannahme, sowohl im allgemeinen, als auch bei der Tratte im besonderen, in dem oben dargelegten Sinne, stützen.

Das Bedenken, dafs die l. si filiusf. vom Annehmen und Behalten des Briefes rede, und also auf das Accept durch

Unterzeichnung des Wechselbriefes nicht anwendbar sei, räumt Salicetus mit der Bemerkung aus dem Wege „nec oberit retentio literarum, quia ad cautionem et in provisionem meam retinui, donec solveret, unde in laesionem meam non debet retorqueri". Das Accept durch Schrift auf den Wechselbrief ist also der Wirkung nach dasselbe, wie das Accept durch Behalten des Briefes; seine Form ist motiviert durch die Rücksicht, dem Gläubiger in der Urkunde ein Beweismittel zu sichern.

Die ganze Ausführung gewährt einen guten Einblick in den Gedankengang, aus welchem beide Arten des Acceptes hervorgegangen sind, und kann in diesem Sinne sehr wohl als eine Ergänzung der Erörterungen des vorigen Abschnittes angesehen werden.

II. Wenn Trassant und Trassat dem Gläubiger gegenüber eine Einheit bilden, so erhält der Gläubiger durch das Accept keinen materiellen Zuwachs an Berechtigung; das Accept bedeutet nur die Anerkennung, dafs die vom Trassanten begründete Verpflichtung auch den Trassaten ergreife.

Mit der Erweiterung des Anwendungsgebietes der Tratte über die Fälle dieser Personeneinheit hinaus änderte das Accept seine Natur mit Notwendigkeit nur insoweit, als es jetzt dem Gläubiger die Verpflichtung einer bisher nicht verpflichteten Person verschaffte, die Verpflichtung selber aber, welche diese Person übernahm, brauchte durchaus keinen anderen Inhalt zu haben, als die des Ausstellers. Dies ist in der That, soweit das hier leider sehr spärlich fliefsende Material einen Schlufs gestattet, der ursprüngliche Inhalt der Verpflichtung des Acceptanten gewesen. Baldus ad l. pro debito C. de bon. auct. iud. poss. bezeichnet die Funktion des Trassaten als ein cambium super se recipere, eine Übernahme der Verpflichtung aus dem der Trattenausstellung zu Grunde liegenden Geschäft; Scaccia sagt § 2 gl. 8 Nr. 12 im Anschlufs an die römische Rota (die Ausgabe, in welcher die von ihm und auch von Raphael besprochene Entscheidung steht, war mir leider nicht zugänglich), dafs der Acceptant accessit obligationi (der Schuld des Trassanten) et promisit simpliciter, Raphael de Turri konstruiert das Accept als ein Constitutum der Schuld des Trassanten, und Ansaldus de Ansaldis vergleicht den Acceptanten mit einem Bürgen des Trassanten.

Hieraus würde sich die Konsequenz ergeben, dafs der Acceptant aller derjenigen Einreden sich bedienen könnte, welche dem Trassanten zustehen (wobei jedoch, damit die Tragweite dieses Satzes nicht überschätzt werde, daran erinnert sein mag, dafs die Vorschriften über parata executio diesen Rechtszustand für diejenigen Gebiete, wo die Tratte paratam executionem hat, wesentlich modifizieren), und in der That ist auch noch von Scaccia und Raphael de Turri die Frage erörtert, ob der Acceptant die exceptio non numeratae pecuniae, die praktisch wichtigste dieser Einreden, geltend machen könne. Diese Frage ist nun zwar von Beiden und auch von der Rota Romana verneint worden (weil im 16. und 17. Jahrhundert die Umbildung der juristischen Natur der Wechselverpflichtungen aus materiellen zu formalen Obligationen schon in der Entwickelung begriffen war); aber dafs sie überhaupt aufgeworfen werden konnte, beweist, dafs die Vorstellung, der Acceptant und der Trassant seien zwei Solidarschuldner einer und derselben materiellrechtlichen Verpflichtung, Jahrhunderte lang lebendig war.

§ 3.

Fortsetzung. Wechselaccept, Bankzahlung und Bankierversprechen. Befreit das Accept den Trassanten?

Mit vorstehendem stimmt die Meinung der modernen Schriftsteller über die Entstehung und den ursprünglichen Inhalt der Verpflichtung des Acceptanten durchaus nicht überein; die herrschende Lehre lautet vielmehr in der Fassung ihres Urhebers (von Salpius, Novation und Delegation S. 481): „Das Anweisungsaccept (von dem das Wechselaccept ein specieller Fall ist) ist nichts anderes als die ihrer tilgenden Wirkung entkleidete Delegationsstipulation der Römer". „Die tilgende Wirkung der Delegationsstipulation ist nämlich in Deutschland bei Aufnahme des römischen Rechtes nicht mit recipiert worden; in Italien dagegen ist in diesem Punkte der antike uns völlig unbekannte Rechtszustand während des ganzen Mittelalters herrschend geblieben. Die Kontinuität der modernen Rechtsentwickelung mit ihrem Ursprunge hat dort den Untergang der römischen Formen, namentlich der Stipulation, überdauert. Das formlose Anweisungsaccept ist auch in dieser Beziehung vollständig an die Stelle der Delegationsstipulation getreten" ... „Was ... von dem Anweisungsaccept nachgewiesen worden ist, hat ursprünglich in ganz gleichem Mafse auch vom Wechselacceptanten gegolten..., der Aussteller eines trassierten Wechsels wurde nach damaligem Recht durch das Accept vollständig befreit". Allerdings „schwankten die damaligen Ansichten (vorher ist von Bartolus ad l. singularia D. de reb. cred. und Baldus ad l. pro debito C. de bon. auct. iud. poss. gesprochen) über das jugendliche Institut der Wechselbriefe hin und her, und die Grundlage der delegatio, woraus sich jene Konsequenz hauptsächlich ergeben mufste, war keineswegs die allgemein adoptierte. Gleichwohl ergiebt die weitschichtige Kasuistik der meisten, schon in § 2 angeführten Autoritäten deutlich genug, dafs die Theorie der Delegation, wie wir sie kennen gelernt haben, wirklich auch auf den Wechsel angewendet wurde. Speciellere Zeugnisse dafür aus der älteren Zeit liefsen sich leicht vervielfältigen" .... Statt der älteren kommen nun aber einige angebliche Zeugnisse aus dem Ende des 16. und Anfang des 17. Jahrhunderts. Diesen Ausführungen hat sich Goldschmidt S. 455, sowohl bezüglich der dogmatischen Grundlegung (Ableitung aus dem römischen Delegationsrecht), als auch bezüglich der aus dieser Grundlegung sich ergebenden Gestaltung des praktischen Rechts (Befreiung des Trassanten durch das Accept) völlig angeschlossen. Und der neueste Schriftsteller über das Anweisungsrecht,

Wendt, (Das allgemeine Anw.-Recht) konstruiert nicht nur die aus dem Accepte entstehenden Verpflichtungen, sondern die Verpflichtung eines jeden Indossanten als Delegationsstipulation, und nimmt für alle diese Verpflichtungen nicht nur dogmatische Übereinstimmung mit dem römischen Delegationsrecht, sondern auch historischen Ursprung aus diesem Rechte an. (S. 3) „Unser modernes Anweisungsrecht ist romanistisch und hat nur im geringen Mafse und in untergeordneten Beziehungen von der carta her Einflüsse aufgenommen.“ (S. 5) „Es wird demnächst zu beweisen sein, dafs die Beschränkung der Einreden (W. O. Art. 82) eben dem allgemeinen Anweisungsrecht angehört und aus dem römischen Delegationsrecht, sowie dasselbe auch von der herrschenden Meinung aufgefafst wird, entnommen ist“. (S. 14) „Schon im römischen Verkehrsleben ... gab es ein entwickeltes und ausgebildetes Anweisungsrecht, dessen Grundlagen auch jetzt noch die unsrigen sind.“

Diese Ausführungen sind, soweit sie die historische Entwickelung des Wechselacceptes wiedergeben wollen für die Zeit bis zum Ende des 15. Jahrhunderts in allen Teilen unbegründet. Weder ist es richtig, dafs die Theorie der Postglossatoren die Zahlungsaufforderung der Tratte als einen römischen iussus accipiendi angesehen hätte, noch ist es richtig, dafs das Accept der Tratte als eine Delegationsstipulation betrachtet worden sei, noch hat endlich der angeblich aus der Delegationstheorie der Postglossatoren folgende Rechtssatz, dafs das Accept den Trassanten befreit hätte, jemals bestanden[1]. Vielmehr hat der Trassant stets, trotz

---

[1] Die angeblichen Belegstellen für diesen Satz aus den Schriften der Postglossatoren werden unten zu besprechen sein; an Statutenmaterial wird für ihn neben dem Statut von Siena von 1619 (Martens S. 10 fg.), welches übrigens gar nichts derartiges enthält, nur beigebracht das Statut von Bologna von 1454 (Martens S. 55 fg.), das in § 15 sagt, dafs ein Regrefs gegen den Trassanten stattfinde aus Tratten „quae reportatae, quia ipsis non fuerit obtemperatum et acceptatae non fuerint“. Weil hier (angeblich) nur aus solchen Tratten, die nicht ac-

des Acceptes bis zur Zahlung des Wechsels gehaftet, und die gegenteilige Behauptung der Modernen beruht auf einer Verwechselung des vom Wechselaccept geltenden Rechts mit dem Rechte anderer Institutionen des mittelalterlichen Handels- und insbesondere des Bankverkehrs.

Es kommen nämlich im mittelalterlichen Handelsverkehr wie in jedem einigermafsen entwickelten Verkehr eine ganze Reihe von Fällen vor, welche mit der Tratte und ihrem Accept das gemeinsam haben, dafs eine Aufforderung zur Zahlung oder zu einer sonstigen Leistung ergeht und diese Aufforderung für denjenigen, an den sie gerichtet ist, Veranlassung wird, ein Zahlungs- oder Erfüllungsversprechen dem Leistungsdestinatär gegenüber abzugeben. Da nun die Postglossatoren, hierin ihren antiken Vorbildern nacheifernd[1], bei ihren Auseinandersetzungen über Geschäftsformen des Verkehrs ihrer Zeit sich statt der technischen Ausdrücke der durch juristische Abstraktion gewonnenen juristischen Bezeichnung der Geschäfte zu bedienen pflegen, so haben Spätere vielfach Erörterungen über ganz andere Verkehrs-

ceptiert sind, der Regrefs gestattet wird, so schliefst man, dafs er aus Tratten, welche acceptiert, aber nicht honoriert sind, nicht stattgefunden habe, dafs also durch das Accept der Trassant liberiert worden sei. Würden aber selbst die citierten Worte sich nur auf den Fall des verweigerten Acceptes beziehen, so wäre mit ihnen doch immer nur gesagt, dafs im Falle des verweigerten Acceptes ein Regrefs stattfinde, nicht aber, dafs im Falle der Leistung des Acceptes aber Verweigerung der Zahlung kein Regrefs stattfinde. In Wahrheit steht aber deutlich da, dafs Regrefs stattfindet, wenn dem Briefe non fuerit obtemperatum, d. h. wenn der Aufforderung zur Zahlung nicht entsprochen ist, also einerlei, ob Accept geleistet ist oder nicht, und der Fall der Acceptverweigerung wird nur als der besonders häufige hervorgehoben. Eine Präcision des Ausdruckes in der Aufzählung der Voraussetzungen eines Rechtssatzes, wie wir sie in modernen Gesetzen gewohnt sind, ist von mittelalterlichen Statuten ebenso wenig zu erwarten, wie anzunehmen ist, dafs der Gesetzgeber, wenn er den ihm imputierten Satz hätte aussprechen wollen, dies auf so versteckte Weise gethan, und nicht vielmehr mit gewohnter Weitschweifigkeit gesagt hätte, was er sagen wollte.

[1] Vgl. die Bemerkung Goldschmidts, Univ.-Gesch. S. 79.

formen, die eben nur den oben bezeichneten generellen Inhalt mit der Tratte und dem Accept gemeinsam haben, auf Tratte und Accept bezogen. Es kommt hinzu, dafs die Darstellungsmethode der späteren Postglossatoren und ihrer Nachfolger, die magistralis disputatio, welche wesentlich darin besteht, dafs zwei einander gegenüberstehende Behauptungen zunächst beide scheinbar bewiesen werden und alsdann erst die wahre Meinung des Schriftstellers vorgetragen wird, zur kritiklosen Häufung von schwachen Argumenten und insbesondere nur teilweise zutreffenden Citaten geradezu herausfordert. Es empfiehlt sich, vor der Besprechung der juristischen Quellenerörterungen, die sich auf solche der Tratte ähnliche Institute beziehen, die verkehrstechnische Erscheinung einiger dieser Institute kurz darzustellen.

1. Es kommt hier zunächst in Betracht die Zahlung durch Zuschreibung.

Kaufleute der italienischen Handelsplätze pflegen (wahrscheinlich schon im 12., sicher im 13. Jahrhundert) ihre Bargelder nicht selber aufzubewahren, sondern sie bei ihren Bankiers, welche gewöhnlich zugleich Geldwechsler sind, zu hinterlegen. Diese Bankiers, deren Gewerbe (allein, oder neben anderen Handelsgeschäften) darin besteht, solche Depositen zu verwalten, führen, wie jeder andere Kaufmann über seine Handelsgeschäfte, Buch über die Einzahlungen und Auszahlungen auf solche Deposita. Der Deponent pflegt alsdann Zahlungen aller Art nicht durch Barhingabe zu leisten, sondern er fordert seinen Bankier auf, die Zahlungsumme dem Empfänger aus dem Depositum zur Verfügung zu stellen. Will nun der Zahlungsempfänger das Geld nicht bar bei dem Bankier abholen, sondern sich zur Aufbewahrung seines Geldes gleichfalls des Bankiers bedienen, so wird die Erhebung des Geldes beim Bankier und erneute Niederlegung bei demselben durch die Vereinbarung ersetzt, dafs der Bankier die Summe, welche er bisher namens des Zahlungsleistenden in Gewahrsam gehabt hat, jetzt namens des Zahlungsempfängers in Gewahrsam halten soll. Der Bankier trägt die Summe als von ihm an den Zahlungsleistenden ausgezahlt und als bei ihm von dem Zahlungsempfänger eingezahlt, in seine Bücher ein; die Zahlung erfolgt durch Ab- und Zuschreibung auf Bankkonto. Als Inhalt der Verpflichtung des Bankiers ergiebt sich aus der Verkehrsfunktion der Bankzuschreibung, dafs er dem Zuschreibungsempfänger wie ein Verwahrer und Verwalter fremden Geldes, gewissermafsen aus einem depositum irregulare, haftet und zwar nicht aus einem dem Zuschreibungsempfänger vom Zuschreibenden übertragenen Rechte, sondern aus dem in der Benachrichtigung von der Zuschreibung enthaltenen Bekenntnis, dafs er die zugeschriebene Summe nunmehr namens des Zuschreibungsempfängers besitze und verwalte.

Statuten und Juristen pflegen den Thatbestand dieses Geschäftes dahin zusammen zu fassen, dafs der Bankier im Auftrage des Zahlungsleistenden dem Zahlungsempfänger einen Betrag zuschreibt; ohne dafs erwähnt würde, dafs dieser Betrag auf ein Konto vergütet würde, welches sich der Zahlungsempfänger zu diesem Zwecke vorher hätte eröffnen lassen und bei der ganzen Einrichtung des italienischen Bankiergewerbes, an welchem, wenigstens im 13. und 14. Jahrhundert, neben den grofsen Compagnien auch eine erhebliche Anzahl mittlerer und kleinerer Bankiers teilnehmen, ist auch nicht ohne weiteres anzunehmen, dafs der Zuschreibungsempfänger bei dem zuschreibenden Bankier s t e t s schon ein Konto gehabt habe. Wenn dies auch natürlich sehr häufig der Fall gewesen sein mag und somit wirkliche Girozuschreibungen im modernen Sinne vielfach vorgekommen sein werden, so kann man doch das hier behandelte Verkehrsinstitut nicht schlechthin der modernen Girozahlung gleichstellen. Es soll daher im folgenden als „Bankzahlung“ bezeichnet werden.

Die Liberationswirkung dieser Zuschreibung in denjenigen Fällen, in welchen sie zur Perfektion einer solutorischen Zahlung dient, beruht also darauf, dafs sie die Barhingabe des Geldes und die erneute Hinterlegung ersetzt.

Diese Liberationswirkung mufs in voller Klarheit erkannt werden bei Unterstellung eines Geschäftganges, in welchem sich die Bankiers lediglich darauf beschränken, die bei ihnen niedergelegten Gelder zu verwahren und Zahlungen ihrer Kunden zu besorgen. Ob ein solcher Verkehrszustand je bestanden hat, mag dahingestellt bleiben, jedenfalls hat er nicht lange bestanden, denn schon in der ersten Hälfte des 13. Jahrhunderts bedingen sich die Bankiers das Recht aus, die Depositen für sich nutzbar zu machen[1] und nehmen „Depositen" entgegen, welche ihnen auf bestimmte Zeit unkündbar zu belassen sind[2].

Im 15. Jahrhundert, vielleicht schon früher, zahlen sie für „Depositen" Zinsen, während es den ursprünglichen Parteiintentionen entsprechen würde, daſs sie für Aufbewahrung etc. Vergütung erhalten. Auf dieser Entwickelungsstufe unterscheidet sich das Verhältnis des Bankiers zu seinem Kunden im Effekt kaum noch von dem des Empfängers

[1] Bei Rolandinus S. a. n. finden sich zwei Formulare für kaufmännische Depositen. Im ersten erhält der Depositar 25 lb. grossorum „servandi et custodiendi causa", das zweite lautet: „Anto. fuit confessus et contentus, se in depositum habuisse et recepisse a Co. lb. 25 gross. ven. in usum et utilitatem de ipsius Co. licentia convertendas . . . et promittens . . . restituere et consignare eidem aut eius heredibus vel ipsius certo nuntio sibi hoc instr. deferenti vel signum vel fidem inter eos ordinatam et dispositam referenti ipsam grossorum quantitatem, quandocunque idem Co. vel eius heredes aut eius dictus certus nuncius petierit ab eodem. . . . Alsdann übernimmt der Empfänger auch noch die Gefahr. Der heutigen Banknote nähern sich diese Scheine dadurch noch mehr, daſs ihr Überbringer sich durch einfache Vorzeigung des Scheines zur Rückerhebung legitimiert. Boaterius ad h. l. . . . Si deponens mittat nuncium bonum, quod ipse depositarius retineat penes se instrumentum depositi (also ohne weitere Vollmacht) et, si nuncius non portat, remittat eum ad deponentes.

[2] Gleichfalls schon in der ersten Hälfte des 13. Jahrhunderts, cf. Documenti del comune di Firenze in Documenti di Storia Italiana Bd. XI S. 245 (1220). Rustikinus f. Orlandini confessus fuit, se habere in custodia et guardia a Bonaventura f. Neri lb. 60 bonorum denariorum pisanorum, quas promisit et convenit dictus Rustikinus dare et reddere eidem Bonaventurae vel cui ipse vellet ab ipsis calendis iunii primi proxime venturis ad unum annum proximum bonos et expendibiles sine malicia. Vgl. auch Blancard II N. 927.

eines jederzeit zurückzahlbaren Darlehens, die Aufforderung an den Bankier, einem Dritten eine Zuschreibung auf Bankkonto zu machen, aber kaum noch von der Aufforderung an jeden anderen Schuldner, einem Gläubiger des Auffordernden ein sofort erfüllbares Zahlungsversprechen zu machen und der Liberationseffekt der Zuschreibung, welche das auf solche Aufforderung ergehende Zahlungsversprechen darstellt, mag jetzt leicht als speciell zu rechtfertigende Anomalie erscheinen, besonders da es Sitte wird, auch andere Schuldner als Bankiers anzuweisen, Gläubigern des Auffordernden sofort fällige Beträge zuzuschreiben. Die Doktrin der späteren Zeit spiegelt diese Entwickelung wieder.

Der Auftrag zu solchen Zuschreibungen erfolgt, soweit ersichtlich, bis ins 15. Jahrhundert hinein durch direkte oft mündliche Aufforderung des Kontoinhabers an den Bankier, und nicht durch Anweisung, und der Zuschreibungsempfänger pflegt erst vom Bankier nach erfolgter Zuschreibung ein Avis zu erhalten.

2. Zu unterscheiden[1] von der Zuschreibung auf Bankkonto, welche die Erfülluug einer präsenten Zahlungsverbindlichkeit darstellt, ist die selbstschuldnerische Zusage der Zahlung später fällig werdender Verbindlichkeiten Anderer, welche gleichfalls einen Geschäftszweig der Bankiers bildet. Sie soll in folgendem als Bankierversprechen bezeichnet werden.

Solches Bankierversprechen kommt insbesondere bei Kreditkäufen, bei langbefristeten Lieferungsverträgen, bei Steuerpachtungen etc. vor; es hat zunächst die Funktion, dem Empfänger der Zusage erhöhte Sicherheit und Realisierbarkeit seiner Forderung zu gewähren und wird daher auch von dem ältesten Juristen, der es erwähnt (Azo [† um 1230] glo. ad auth de fideiuss. s. v. Moderno . . . Dic ergo si argen-

---

[1] Manche Schriftsteller unterscheiden beide Geschäfte nicht oder doch nicht klar und vermengen in ihren Darstellungen beide mit einander.

tarius habens meum argentum, et idem in nummulario dico, si det mihi alium argentarium sponsorem, potero convenire prius, quem volam .... Vel pone casum, ut quia campsor meus aliis spopondit pro me, poterit etiam prius conveniri .... et hoc propter utilitatem sc., ut facile quilibet apud eos deponat. Nam eorum officium habet publicam authoritatem vel fidem ut D. de eden. l. argentarius § 1), geradezu als selbstschuldige Bürgschaft konstruiert. Es erfolgt auf Grund der verschiedensten Deckungsverhältnisse zwischen dem ursprünglichen Schuldner und dem Bankier. Die Deckung kann bestehen in einer gewöhnlichen Forderung des ursprünglichen Schuldners an den Bankier, im Faustpfande, Bürgschaft Dritter (auch offener Kredit kommt vor), oder einem Guthaben auf Bankkonto. Die Verpflichtung des ursprünglichen Schuldners, einen Zahlungzusage Leistenden zu bestellen, pflegt in den Quellen pagatorem oder solutorem dare und, wenn ein Bankier bestellt wird, auch campsorem dare genannt zu werden, und die Zahlungszusage heifst, je nachdem sie durch (anfänglich wohl meist notariellen) Schuldschein oder nur durch Eintragung in die Bücher des Zusage Leistenden beurkundet wird, promissio (bezw. promissio pro alieno), oder scriptura (scripta) librorum de credentiis, und solche promissiones bezw. scriptae librorum werden zwar neben den Depositalscheinen über Bankkontodepositen bezw. den Zuschreibungen auf Bankkonto, aber doch als von ihnen verschieden, in den Quellen erwähnt. Man vergleiche z. B. ein ordinamentum der consules mercantiae zu Perugia bei Baldus cons. II 427 „cum saepe contingit, quod et campsores et exercitores cambii Perusiae faciunt promissiones et se obligant ad dandum solvendum et restituendum pecunias, quae penes eos et in tabulis ipsorum deponuntur, et etiam quae ex causa aut traficae vel occasione artis cambii ad eos perveniunt (Depositalscheine), et etiam multoties promissiones faciunt pro debitis alienis (Verpflichtungsschein über Zahlungszusagen)“ und das Breve Pisani Communis Lb. I Rubr 52 (auch bei Lastig Ztschr. XXIII S. 156) .... scripta librorum de credentiis ... de his quae promittant pisanis civibus pro aliquibus vel aliquo (Eintragung der Zahlungszusage) de his quae scribunt, se teneri alicui de aliquibus rebus et quantitatibus (Eintragung der Zahlung auf Bankkonto). Der Auftrag des ursprünglichen Schuldners an den Bankier wird auch hier vielfach mündlich erteilt (cf. Lastig l. c. S. 154 und das unten S. 136 besprochene Consilium des Alexander Tartagnus); ob bei schriftlicher Beauftragung ein einfacher Brief oder eine Anweisung verwendet wird, vermag ich nicht festzustellen.

Die Frage, ob der ursprüngliche Schuldner befreit wird, beantwortet sich natürlich im Falle solcher Zahlungszusage nach ganz anderen Gesichtspunkten, als im Falle der Zuschreibung auf Bankkonto; man wird aus inneren Gründen nur soviel sagen dürfen, dafs in der Bestellung eines Zahlungszusage Leistenden zwar die Intention der Parteien hervortritt, dafs derselbe in erster Linie, nicht aber die, dafs er allein haften soll, und dafs die Alleinhaftung, wenn der Zusagende eine zweifellos solvente Person ist, sich allenfalls damit begründen läfst, dafs neben der Haftung eines solchen Schuldners die Haftung des ursprünglichen Schuldners nicht von praktischer Bedeutung ist. Dafs die Eintragung der Zahlungszusage in die Bücher des Zusagenden für sich allein hier, wo sie keine Solution beurkundet, auch keinen Liberationseffekt haben kann (und zwar auch dann nicht, wenn der ursprüngliche Schuldner zugleich dem Deckungsverhältnis entsprechend belastet wird), braucht wohl nicht hervorgehoben zu werden.

Statuten und Urkunden des 13. und 14. Jahrhunderts geben denn auch auf die Frage nach der liberierenden Kraft dieser Zahlungszusagen ebenso wenig eine einhellige Antwort wie die Juristen, cf. den Exkurs S. 140 fg.

Diese Notizen über die beiden wichtigsten mit dem Trattenaccept häufig gemeinsam behandelten Verkehrsformen werden zum Verständnis der nunmehr zu besprechenden Doktrin der Postglossatoren genügen.

Die Frage der Liberationswirkung der Zuschreibung auf Bankkonto ist, wie es scheint, zuerst behandelt im cons. 17

des Dinus Mugellanus (zuletzt erwähnt 1298), welches von Albertus Odofredi († 1300) mit unterschrieben ist.

Aus dem Vermögen einer Kirche waren bei Titius 1000 Mark Silber deponiert; der Verwalter dieses Vermögens forderte den Titius (mündlich) auf, diese 1000 Mark an Sempronius, einen Gläubiger der Kirche, zu zahlen und Titius trug in seine Bücher ein, dafs er dem Sempronius 1000 Mark schulde. Als Sempronius, in dessen Abwesenheit alles dies geschehen war, von der Eintragung erfahren hatte, genehmigte er sie schriftlich, indem er dem Titius aufgab, das Geld für ihn in Depositum zu halten. Nachdem Titius dies Schreiben erhalten, disponierte die Kirche anderweitig über die 1000 Mark und wollte sie selber erheben. Titius weigerte Auszahlung, weil er dem Sempronius verpflichtet sei. Das Gutachten entscheidet, Sempronius habe dadurch, dafs er die Zuschreibung gutgeheifsen habe, die Kirche von der Schuld an ihn befreit und den Titius sich verpflichtet, „denn wenn ein Schuldner im Auftrage seines Gläubigers eine Zahlung geleistet hat, so hat der Widerruf des Gläubigers nicht die Wirkung, die Verpflichtung wieder ins Leben zu rufen.“ Dafs die Zuschreibung an und für sich Solutionswirkung hat, wird also als selbstverständlich betrachtet; auch die Gegengründe vergleichen den Vorgang bei der Zuschreibung ausdrücklich mit der Tradition einer körperlichen Sache und entnehmen einen Zweifelsgrund nur daraus, dafs die Ratihabition des Zuschreibungsempfängers, weil nicht dem Quasitradenten gegenüber erklärt, nicht wirksam das Widerrufsrecht desselben elidieren könne. Die Grundsätze dieses consilium sind in der ganzen späteren Litteratur, soweit ich sehe, ohne Widerspruch geblieben; sie sind insbesondere adoptiert von Johannes Andreae in den Anmerkungen zum Speculum Lb. IV p. III rubr. de depo.; von Albericus de Rosate zur l. si ego D. de neg. gest.; von Angelus de Ubaldis zur l. singularia D. de reb. cred.; von Paulus de Castro zur l. si cum Cornelius D. de novat, l. qui usum fructum D. de verb. obl. etc. und vielen Anderen. Einen abweichenden

Standpunkt vertritt nur, aber offenbar ohne das Consilium des Dinus zu kennen, Bartholomeus de Capua († 1328) in seinem singulare 75. Er sagt: „Per literam l. ubi D. de constituta pec. fuit determinata Neapoli talis quaestio. Tu eras debitor meus in C; mandasti cuidam campsori, ut mihi solveret illa C; campsor constituit mihi soluturum et scripta sunt in cancellario suo: accidit, quod campsor aufugit. Quaerebatur, numquid potuisset haberi recursus contra te principalem debitorem et videbatur quod non per l. D. de solu. l. si soluturus. Sed per l. ubi D. de consti pecu. pronunciatum fuit, quod sic, quia per constitutionem factam non fuit sublata prima actio, quae contra te competebat, et ideo conveniam te.“ Diese Begründung, welche darauf hinauskommt, dafs die Zuschreibung auf Bankkonto keine Zahlung, sondern nur ein Schuldversprechen sei und daher, weil der Stipulationsform ermangelnd, nicht die Liberationswirkung der delegatio sondern nur die Wirkung eines constitutum haben könne, ist jedensfalls auf die Späteren ohne Einflufs geblieben, wenn auch ihr Gedankengang bisweilen wieder auftaucht. Übrigens ist es nicht ausgeschlossen, dafs in dem referierten Falle nur ein Bankierversprechen, keine Bankzahlung vorlag; dann würde die Begründung mit den Ansichten Späterer übereinstimmen.

Während die bisherige Litteratur nur Einzelfälle besprochen hatte, unternahm es Bartolus zu l. singularia D. de reb. cred. eine generelle Regel über die liberierende Wirkung der promissio campsoris seu mercatoris aufzustellen. Er sagt: „Ex hoc apparet intellectus eorum, quae tota die fiunt. Ego dico campsori vel mercatori, quod solvat tibi illud, quod tibi debeo pro pretio pannorum vel pretio libri, sum ego a te liberatus? Responde: si quidem ille campsor promittit tibi, ista promissio, quam habes, credit loco solutionis pecuniae et ego sum liberatus . . . . . . Si vero mercator non promisit tibi aliquid sed solum dixi sibi, ut tibi solveret, non sum liberatus, ut patet ex supradictis et ideo, si mercator cederet foro, quod in Tuscia appellatur fallere, posses iterum recurrere contra me primum debitorem “

Bei dieser Erörterung, die bei späteren Schriftstellern wegen des Ansehens ihres Verfassers eine viel gröfsere Rolle gespielt hat, als ihr innerer Wert rechtfertigt, scheint Bartolus, wie die Hervorhebung des Falles, dafs noch keine promissio des Bankiers an den Versprechensdestinatär, sondern nur eine Aufforderung an den Bankier erfolgt ist. sowie die Anknüpfung der Erörterung an die l. singularia. woselbst von Fällen die Rede ist, in denen durch Erfüllung von Traditionsaufforderungen ein dare vollzogen wird, zunächst an die Bankzuschreibung gedacht zu haben; dafs er auch von jeder anderen Zahlungszusage oder gar vom Accept der Tratte den von ihm vorgetragenen Rechtssatz habe behaupten wollen, mufs trotz der Allgemeinheit der Fragestellung als völlig unerweislich und unwahrscheinlich angesehen werden.

Der individuellen Natur der einzelnen im Verkehr vorkommenden promissiones gerecht zu werden, wurde die Aufgabe, welche des Bartolus Nachfolger zu lösen suchten, unter denen zunächst der an Kenntnis des praktischen Lebens und insbesondere des Handelsverkehrs den Bartolus weit überragende Baldus hervorzuheben ist. Dieser bespricht zur l. novationum C. de novat. die Zahlung durch Gutschrift auf Bankkonto, den Fall: si campsor alteri campsori mandavit (qui mandatoris debitor erat), ut creditori eiusdem mandatoris certam pecuniam solveret, an campsor mandatum suscipiens liberetur ab ipso mandante und antwortet: „dic quod non, quoniam mandatum simplex est, salvo nisi in libris suis se fecit debitorem et scripsit nomen illius, cui solvere iussus est; liberavit nam tunc ope exceptionis,“ und beruft sich für diese Begründung auf Bartolus ad l. singularia. Angesichts der hier hervortretenden klaren Erkenntnis der Rechtswirkung der Bankzuschreibung und der Anschauung, dafs Bartolus bei l. singularia von der Bankzuschreibung gesprochen habe, mufs es sehr überraschen, dafs Baldus zur l. pro debito C. de bon. auct. iud. poss. die Stelle des Bartolus zur Entscheidung der Frage verwendet, ob das Accept des Trassanten den Trassaten befreie. Baldus behandelt hier den Fall: „contraxi cambium cum quodam mercatore in civitate Pisarum hoc modo, quod ipse faceret mihi literas cambii ad quendam alium mercatorem in civitate Venetiarum, in quibus continebatur, quod iste deberet mihi solvere et super se recipere istud cambium, quas literas detuli illi mercatori Venetias, qui acceptavit literas praedictas et ante quam solveret mihi aufugit, quaeritur cuius sit periculum?" und fährt fort: „Bartolus in l. singularia D. si cer. pet. dicit, quod est periculum creditoris, si campsor Venetiarum promisit mihi solvere, nam brevi manu videtur mihi numerasse et ego denuo penes ipsum deposuisse. Sed ista ratio non videtur vera, quia ista pecunia non erat praesens nec solutioni parata. Unde assigno aliam meliorem: quia satisfactum mihi videtur, ex quo illum nummularium acceptavi" etc. Obwohl hier die Erkenntnis, dafs die Begründung, welche er dem Bartolus unterstellt, gar nicht für das Accept der Tratte pafst, weil bei demselben nicht pecunia solutioni parata vorhanden ist, die Folgerung nahe gelegt hätte, dafs Bartolus gar nicht vom Accept der Tratte gesprochen habe und damit die Berufung auf die Autorität des Bartolus für den von Baldus behandelten Fall ganz hinfällig geworden wäre, hält doch Baldus hier im Resultat an der Meinung des Bartolus fest, und bleibt auch im weiteren Verfolg der Erörterungen dabei, dafs das Accept des Trassaten den Trassanten befreie. Allerdings schränkt er diese Behauptung sofort ein durch den Zusatz, der Trassant werde nicht befreit, wenn er versprochen habe „se facturum et curaturum, quod mihi solveretur," rät dem Forderungsberechtigten auch, sich bei der Ungewifsheit der Sache durch eine ausdrückliche Vereinbarung sicher zu stellen, und will den Trassanten jedenfalls dann haften lassen, wenn er um die schlechte Vermögenslage des Trassaten gewufst hat, aber zu einer offenen Abweichung von der durch ihn dem Bartolus unterstellten Meinung gelangt er hier noch nicht. Jedenfalls aber hat sich später die Wandlung seiner Ansichten, die in der Erörterung zu l. pro debito schon vorbereitet ist, vollzogen. denn in seinem consil. I 358 vertritt er mit eingehender Begründung und bemerkenswerter Klarheit den Standpunkt, dafs der Trassat ex defectu finalis causae verhaftet bleibe, wenn der Adressat des Briefes declinaret mandatum (Ausbleiben des Acceptes), vel solutionem (Ausbleiben der Zahlung), quia declinando mandatum non contrahitur mandatum (das Ausbleiben des Acceptes bringt überhaupt keinen Nexus zwischen dem Trassaten und dem Forderungsberechtigten zu stande) et declinando solutionem, licet acceptet mandatum, pecunia non est parata solutioni, unde non fit novatio (beim Ausbleiben der Zahlung [obwohl das Accept geleistet] ist nicht die Schuldsumme dem Empfangsberechtigten zur Verfügung übereignet und der Fall, welchen Bartolus [und angeblich Baldus selber] bei der l. singularia besprochen haben, liegt nicht vor). „Aufserdem ist zu wissen, dafs die Zahlungszusage des Wechslers in einigen Fällen Zahlung vertritt, in anderen Fällen Zahlung herbeiführen soll, denn wenn die Parteiabsicht dahin geht, dafs durch die Zahlungszusage des Wechslers die alte Verpflichtung aufgehoben und eine neue an ihre Stelle gesetzt ist, so ist solcher Vertrag wirksam, wenn aber nichts über eine Befreiung vereinbart ist, sondern nur über die Verpflichtung einer neuen Person, so dauert die frühere Verbindlichkeit fort . . ., nämlich wenn es bei einem einfachen Versprechen sein Bewenden behalten hat (Accept), ohne dafs ein vertragsmäfsiger Übertrag einer Bucheintragung (Bankzuschreibung) stattgefunden hat . . . . Solche Zahlungszusagen der Wechsler sind wie rechtskräftige Urteile (aus dem Accept findet der Exekutivprozefs statt), aber eine Befriedigung (des Wechselgläubigers) führen sie nicht herbei, vielmehr bleibt die Schuld bestehen . . . . Bietet aber der Wechsler sofort, oder etwa (was auch genügt) später Geld, welches zur Verfügung bereit liegt (läfst der Acceptant die Wechselsumme dem Berechtigten auf Bankkonto zuschreiben), so wird, indem eine Art der Novation stattfindet, der Schuldner (Trassant) saltem ope exceptionis befreit.“

Wenn es Baldus nicht ohne anfängliches Schwanken gelang, die Trennung des Wechselacceptes von den sonstigen promissiones campsorum durchzuführen, was begreiflich erscheinen wird, da er der Erste ist, welcher das Trattenaccept speciell betrachtet und er anfänglich von einer mifsverständlichen Auffassung der Stelle des Bartolus ausging, so ist bei seinem Schüler Salicetus diese Unterscheidung und die Erkenntnis der specifischen Natur des Wechselacceptes zur vollen Klarheit entwickelt. Die Bankzuschreibung bespricht er kurz bei der l. singularia: „Quaero, quid si is, cui iussus factus est per suum creditorem, scripsit in libro suo, ut faciunt isti campsores ut plurimum? dic, quod si fecit de voluntate recipere debentis, quod pro novatione habetur, ut hic et multo magis, quam in praecedenti casu, quando stipulatio intercesserit." Er erkennt also ihre Liberationswirkung generell an, ohne sich weiter Gedanken darüber zu machen, wie eine Novation ohne Stipulation möglich sei.

Das Wechselaccept behandelt er ausführlich, ausgehend von der Erörterung des Baldus, bei der l. cit. pro debito (geschrieben 1389) und bei der l. si filius D. ad Sc. Maced. (geschrieben nach 1400). Es ist nicht uninteressant durch Vergleiche beider Stellen zu beobachten, wie sich im Laufe der Zeit seine Kenntnis der Verkehrssitte erweitert und das juristische Eindringen in dieselbe vertieft hat. Das Resultat seiner Erörterungen ist folgendes: Zu unterscheiden ist zwischen dem Accept durch schriftlichen Vermerk auf der Tratte und dem Accept durch Behalten der Tratte. Im ersteren Falle wird der Trassant jedenfalls dann niemals befreit, wenn der Forderungsberechtigte den Wechselbrief in Händen behalten hat, denn alsdann will der Berechtigte noch Zahlung suchen, und die Präsentation geschah nur, um den Trassanten zu avisieren, damit er am Verfalltage das Geld bereit halten möge. Im zweiten Falle (beim Accept per retentionem literarum) ist die Sache zweifelhafter; in diesem Falle könnte man sagen, die Zahlung sei als erfolgt und das Geld als dem Acceptanten kreditiert anzusehen. Trotzdem aber bleibt auch in diesem Falle der Trassant verhaftet, es sei denn, dafs der Acceptant aufserdem noch entweder gezahlt oder dem Forderungsberechtigten das Geld zugeschrieben habe. Denn, ist eins von beiden nicht geschehen, so ist dem Acceptanten nur insoweit und insofern Kredit gegeben, wie es der Trassant gewollt hat; die Intention des Trassanten und Remittenten ging nämlich dahin, dafs der Trassat den Forderungsberechtigten wirklich befriedigen und der Trassant erst durch wahre Zahlung frei werden solle. Deshalb heifst es in dem Wechselbriefe „und (zu subintelligieren, wenn ihr gezahlt habt) stellt es uns in Rechnung“; wenn er (der Acceptant) also weder gezahlt hat, noch dem Aussteller in Rechnung gestellt hat, so folgt, dafs der Aussteller nicht befreit ist, anderenfalls würde er sich zum Schaden eines anderen bereichern. Allerdings mufs der Forderungsberechtigte beim Regrefs den Wechselbrief dem Aussteller vorlegen und, wenn er dies nicht kann, abwarten, bis aus den Büchern des Flüchtigen (des Acceptanten) festgestellt ist, ob er gezahlt oder mit dem Betrag den Aussteller belastet und somit dem Forderungsberechtigten die Summe gutgeschrieben hat oder nicht, damit nicht der Aussteller doppelten Schaden hat (indem er nämlich sowohl die Deckung einbüfst, bezw. der Konkursmasse zu erstatten hat, als auch der Regrefsklage des Forderungsberechtigten haftet).

Diese Erörterung, die ausführlichste über unser Thema, welche ich finden konnte, berücksichtigt beide Arten des Acceptes und behandelt ihre specifischen Wirkungen mit eingehender Berücksichtigung aller nächstliegenden Konsequenzen so scharf und klar und unter so deutlicher Unterscheidung der speciellen Accepthandlungen von den Modalitäten der Zahlung des Wechsels, dafs es wohl keinem Zweifel unterliegen kann, dafs diese eine genaue Kenntnis des Mechanismus des Handelsverkehrs verratenden Darlegungen das von den Kaufleuten geübte Recht völlig zutreffend wiedergeben.

Bemerkenswert ist, dafs die Meinung, das Accept liberiere den Trassanten, wenn auch zu ihrer Begründung auf Quellenstellen Bezug genommen wird, welche Delegationsfälle behandeln, doch ersichtlich nicht in der Delegationsnatur der Anweisung, sondern in der Solutionsnatur des Zahlungsversprechens (Acceptes) ihre wahre Grundlage hat. Nicht die Möglichkeit, die Zahlungsaufforderung als einen iussus promittendi im antiken Sinne anzusehen, sondern die Möglichkeit, das Accept als einen Solutionsakt, wie etwa das Avis einer erfolgten Bankzuschreibung, anzusehen, bildet die Grundlage der Argumente für den Liberationseffekt.

Auch die Praxis dieser Zeit steht völlig auf dem Standpunkte des Baldus und Salicetus. Hier sind vor allem zu erwähnen zwei Consilia (III. 64 u. 68) des Bartholomaeus Socinus (1436—1507). Ihm lag folgender Fall vor: Der Kardinal von Portugal, welcher in Rom lebte, hatte mit zwei Bankhäusern, dem Petrus de Richasulis in Rom und den Clemens et Hieronymus Sernisii in Lissabon, einen Vertrag dahin geschlossen, dafs die Sernisii die von den Vertretern des Kardinals in Portugal eingesammelten und bei den Sernisii eingezahlten Einkünfte des Kardinals in der Weise an den Kardinal in Rom remittieren sollten, dafs sie auf Petrus de Richasulis Tratten zogen, welche dieser zu acceptieren und zu honorieren sich verpflichtete. Solche Wechsel hatte auch Petrus acceptiert; eine bare Auskehrung der Gelder aber hatte, wenigstens so weit es sich um die streitigen Summen handelt, nicht stattgefunden, sondern Petrus hatte dem Kardinal die Gelder gutgeschrieben, ihm promissiones, auch schedulae genannt (worunter, dem Zusammenhange nach, wohl Depositalscheine von der Art der bei Cusumano S. 226 fg. erwähnten fedi di credito zu verstehen sind) ausgestellt. Dann hatte der Kardinal einen Teil des Geldes erhoben, aber ehe er alles erhoben hatte, geriet Petrus in Konkurs. Nunmehr klagt der Kardinal gegen die Sernisii auf Zahlung derjenigen Beträge, welche er bei Petrus nicht bar abgehoben hatte. Bei Besprechung dieses Falles, dessen Thatbestand hier nur soweit erzählt ist, als zum Verständnis der Ausführungen des Socinus über unser Thema erforderlich erscheint, wirft der Jurist, welcher sein Gutachten im Auftrage und zu Gunsten der Sernisii erstattete, die Frage auf, ob nicht etwa Petrus durch Acceptierung der Tratten die Aussteller sofort befreit habe. Eine Bejahung dieser Frage würde den ganzen Prozefs sofort zu Gunsten seiner Auftraggeber entschieden haben.

Socinus erklärt, das Accept allein habe eine Liberierung der Aussteller nicht herbeigeführt; die entgegengesetzte (angebliche) Meinung des Bartolus werde von den „Modernen" mifsbilligt: wohl aber sei der Aussteller befreit „per promissionem factam Do. Cardi. et partitas librorum dicti Petri de Richasulis"; in diesen letzteren Vorgängen sei das enthalten, was Salicetus als fidem promittentis sequi bezeichne. Die Wechsel, welche nach dem ursprünglichen Vertrage der Parteien Petrus habe acceptieren sollen, offenbar weil er dem Kardinal vertrauenswürdig erschienen sei, seien längst fällig gewesen, seit 10 Monaten habe der Kardinal sie in der Hand des Petrus belassen und Petrus (dies ist offenbar der wirkliche Entscheidungsgrund) habe den Kardinal als seinen Gläubiger in seine Bücher eingetragen. Dieselbe Wirkung wie solche Bucheintragung habe auch die promissio; nach dem Rechte vieler Handelsplätze und insbesondere nach florentinischem Rechte befreie jede promissio campsoris den ursprünglichen Schuldner sofort. Aus allen diesen Gründen zusammen sei hier eine Liberation der Sernisii eingetreten. Wenn man auch an einigen Details dieser Deduktionen aussetzen könnte, dafs Socinus zur Begründung seiner Meinung Autoritäten citiert und Erörterungen beibringt, die nicht vom Wechselaccept handeln, so bleibt doch immer als Resultat bestehen, dafs er über den mangelnden Liberationseffekt des Acceptes allein sich völlig klar ist.

In seinem zweiten Gutachten über denselben Fall, in welchem Socinus die Einwände eines vom Kardinal beschafften Gegengutachtens eines anderen Gelehrten widerlegt, wird auch das ihm, wie es scheint, erst jetzt bekannt gewordene elegans consilium des Baldus (I, 348) zur Unterstützung der Darlegung herangezogen, dafs das Accept allein keine Zahlung sei.

Im Vorstehenden dürfte der Nachweis geliefert sein,

dafs der von den Modernen behauptete Rechtssatz, das Accept habe nach mittelalterlichem Wechselrechte den Trassanten liberiert, jeder Begründung entbehrt. Es wird jedoch zur Klarstellung der specifischen Natur des Acceptes beitragen, wenn die Doktrin der Legisten über die Bankzuschreibung und die Zahlungszusage, deren Besprechung oben bei Salicetus abgebrochen wurde, um die Lehre vom Wechselaccept im Zusammenhang vorzuführen, noch etwas weiter verfolgt wird. In der Litteratur über beide Institute ist zunächst nach Salicetus zu erwähnen Angelus de Ubaldis. Er bespricht zur l. singularia den Fall: dicit mercator alteri, quod mihi debes ex causa pannorum, solvas Titio. Wenn er hier zunächst behauptet, nur wenn ein Zahlungsversprechen des Empfängers der Aufforderung in Form der Stipulation vorliege, sei der Anweisende befreit, so hat er vielleicht nur die Anwendung römischen Rechtes auf den von ihm aufgestellten Fall darlegen wollen und an die Anwendung seines Satzes auf Institute des Handelsverkehrs seiner Zeit schwerlich gedacht; zweifelsohne aber redet er von der Bankzahlung und folgt der allgemeinen Meinung, wenn er fortfährt: „Si tamen debitor, cui iussi, in libro suo scripsit se debitorem illius, ut hodie faciunt mercatores, secuta ratihabitione per illum, cui debebat fieri solutio, liberatus est debitor a iubente et illi alteri solum est obligatus.“ Hierfür beruft er sich auf Joh. Andr. ad spec. tit. de dep., bringt aber selber keine neuen Gedanken. Die Zahlungszusage bespricht er bei der l. qui usumfructum D. de verb. obl. und bei l. delegare D. de novat. Er fafst sie hier als Delegation auf und verlangt daher im Princip, dafs die promissio durch Stipulation geschehe, um Liberationswirkung zu haben, giebt dann aber den Kaufleuten den hier sehr angemessenen Rat, die Liberationsabsicht zum Ausdruck zu bringen und erklärt schliefslich, dafs, wenn im Verkehr, wie z. B. in Florenz, dessen Statutarrecht ihm aus seiner Praxis als Konsiliar der dortigen curia mercatorum besonders geläufig ist und von ihm auch zutreffend (cf. Exkurs S. 142 fg.) dargelegt wird, der Fall sei, diesen Zahlungszusagen nach

Gewohnheitsrecht Liberationswirkung zukomme, dieses Gewohnheitsrecht ausschlaggebend sei. Ihm schliefst sich im wesentlichen an Johannes de Imola († 1436) zur l. cit. qui usumfr. und l. cit. delegare und Raphael Cumanus († 1427) zur l. delegare.

Gründlicher und eingehender, insbesondere unter energischer Anwendung des römischen Delegationsrechts, behandelt Paulus de Castro († 1441) unser Thema. Freilich zeigt gerade seine Darstellung ungeachtet ihrer Vorzüge, insbesondere soweit sie die Zahlungszusage behandelt, die Konflikte, in welche Doktrin und Verkehrssitte geraten mufsten, wenn die Doktrin es wirklich im Ernst unternahm, ein rein antikes Rechtsinstitut wie die Delegation in allen Einzelheiten, insbesondere unter Beibehaltung aller der mit weiteren antiken Rechtsinstituten zusammenhängenden Einzelheiten, welche den einzelnen Delegationsfällen in den Quellen anhaften (Schuldverhältnis zwischen Delegant und Delegat bezw. Delegant und Delegatar etc.), auf Geschäftsformen anzuwenden, die in ganz anderen Rechtszuständen wurzelten.

Die Bankzuschreibung allein behandelt Paulus hauptsächlich bei der l. si cum fundum D. de pact., bei l. si cum Cornelius D. de novat. und am ausführlichsten in l. utrum praesente D. de consti pecu. Die Aufforderung zur Bankzuschreibung ist ein mandatum, ut, quod debes mihi, solvas creditori meo, und die Zuschreibung selber ist die Ausführung dieses Mandats. Ihre liberierende Wirkung erkennt Paulus unter Berufung auf Dinus und Johannes Andreae an, obwohl er das Bedenken erhebt, dafs die Ausführung eines Auftrages als solche nur Rechte zwischen dem Mandanten und Mandatar begründe, und dafs es deshalb eine Anomalie sei, wenn die einfache Ratihabition des Zuschreibungsempfängers, welcher irgend eine ihm gegenüber abgegebene Verpflichtungserklärung des Bankiers nicht vorausgegangen ist, die Wirkung habe, die Zahlung perfekt zu machen und den Widerruf des Zuschreibenden auszuschliefsen: „si non esset auctoritas praedictorum, (des Dinus etc.) videretur prima facie dicendum, quod indistincte possim revocare, quia non est tui gratia sed mei, et res est adhuc integra, postquam te non obligasti". Diese Anomalie rechtfertigt er jedoch bei l. Utrum praesente durch Berufung auf die Anschauungen der Kaufleute „esset verecundia vel turpitudo secundum consuetudinem campsorum, postquam scriptum est in libro, inde amovere", und aus Rücksicht auf diese Anschauungen der Bankiers, bei welchen es Anstofs erregte, in ihren Büchern etwas wieder zurück zu buchen, oder gar auszustreichen, geht er sogar weiter als Dinus und läfst, entsprechend der heutigen Doktrin, eine Befreiung des Zuschreibenden schon mit der ohne Wissen des Zuschreibungsempfängers erfolgten Zuschreibung ѕ: lbereintreten: „videtur posse dice in casu Dini, quod licet adhuc absens non ratificavit . . . . non posset revocare mandatum, si tamen scripsit de voluntate mandantis".

Erheblich mehr Schwierigkeiten macht ihm die Behandlung der Zahlungszusage. Die Frage, ob sie liberierende Wirkung habe, behandelt er am ausführlichsten in l. delegare D. de novat. Er fafst die Aufforderung zur Zahlungszusage als ein Mandat an den Bankier, quod promittat tibi C. in quibus tibi teneor. Ihr Liberationseffekt richtet sich nach seiner Meinung, und hierin zeigt sich der verwirrende Einflufs der Delegationstheorie, nach dem Deckungsverhältnis zwischen dem ursprünglichen Schuldner und seinem Bankier, und eventuell nach der Form der Zahlungszusage. Der ursprüngliche Schuldner ist befreit, wenn der Bankier 1. vom ursprünglichen Gläubiger Deckung hat, si campsor habet pecuniam meam et sic est meus debitor (das „habere pecuniam" ist nur der, von Paulus vorausgesetzte Normalfall der Deckung) und wenn er 2. per stipulationem Zahlungszusage leistet; verspricht er dagegen per simplex pactum, so heifst es dafs: „non est delegatio et per consequens ipse non liberatur a me nec ego a te . . ." Wie nun, wenn der Bankier die Zahlungszusage durch Eintragung in seine Bücher beurkundet; auch hier ist zu unterscheiden: „si scripsit in libro, ut fieri solet „talis debet habere C" nec de alia promissione appareat, sed solum quod posuit te pro creditore;

Respondeo: puto, novationem non esse factam, nam hoc potest fieri etiam non interveniente stipulatione, secus si scribit in libro, se tibi promisisse, quia istud verbum etiam in scriptura privata intellegitur per stipulationem . . . ." So gekünstelt und „echt scholastisch" diese Unterscheidung auf den ersten Blick erscheinen möchte, so scheint es doch, dafs sie entweder dem Geschäftsstil der Büchereintragungen jener Zeit durchaus entsprochen hat, oder dafs (was bei dem grofsen Ansehen des Paulus de Castro gar nicht ausgeschlossen ist) von den Kaufleuten bei der Stilisierung der Eintragungen diese Distinktion acceptiert wurde. „Deve avere" ist bekanntlich die Formel, mit welcher die einfachen Eintragungen ins Kredit gebucht werden; eine Eintragung über eine Zahlungszusage der hier behandelten Art, welche Cusumano S. 269 veröffentlicht hat[1] lautet dagegen: „a. d. 24. augustu 1486. Antonio Doria devi avere unzi 144, li quali chi prometto pro petro Aglata doviri pagari per li 27 di maju proximo di veniri etc."

Im Anschlufs an diese Betrachtung behandelt Paulus de Castro noch den Fall „si dixi campsori, quod tibi solvat non autem dixi, quod promittat", und dafs dann der campsor eine promissio abgegeben hat. Er meint, dafs in diesem Falle: „Licet promiserit etiam per stipulationem, non liberatur a me, nec fit delegatio . . . . ideo possum adhuc sibi inhibere, quod solvat, quia simplex mandatum protest revocari re integra — et hoc videtur res integra, postquam non solvit, licet tibi promiserit, quia hoc sibi non mandavi, secus si mandassem . . . . ex hoc sequitur, quod si campsor efficiatur fugitivus, damnum est meum et tu potes ultra me redire, quia non est facta novatio, nisi esset expresse dictum." Da der Fall, dafs derjenige, dem schlechthin aufgetragen ist, zu zahlen, daraufhin eine promissio abgiebt, dem Thatbestande

---

[1] Soweit ich sehe, ist dies die einzige Eintragung bei Cusumano, welche eine solche Zahlungszusage enthält. Bei den meisten anderen Eintragungen giebt er leider das Datum der Eintragung selber nicht mit an, so dafs sich über unsere Frage nicht mit Sicherheit urteilen läfst.

des Trattenacceptes entspricht, so wäre es möglich, dafs sich diese Ausführung auf das Accept beziehen, oder auch mitbeziehen sollte. Sie würde dann einen weiteren Beweis dafür liefern, dafs das Accept nicht als Delegationsstipulation gilt, und den Trassanten nicht befreit. Freilich kann die Theorie des Paulus de Castro über die Wirkung des Contremandierens nach erfolgtem Accept, welche er übrigens wiederholt, besonders eingehend zur l. si debitor D. de novat. und auch zur l. qui usum fructum D. de verb. obl. vorgetragen hat, nicht als richtig und der herrschenden Meinung der Postglossatoren entsprechend anerkannt werden.

Die Frage nach der liberierenden Wirkung sowohl der Bankzahlung als auch der Zahlungszusage behandelt Paulus de Castro ferner noch in der l. qui usum fructum D. de verb. obl. Nachdem er hier zunächst die Bemerkung des Bartolus zur l. singularia und die des Angelus zur l. qui usum fructum besprochen und kritisiert hat, macht er die Entscheidung darüber, ob Liberierung eintrete, für beide Fälle davon abhängig, ob der Bankier Deckung habe oder nicht. Er ordnet also auch die Bankzuschreibung dem Begriffe der Delegation unter und rechtfertigt ihre Liberationswirkung aus dem für die Delegationsstipulation geltenden Rechte. Mit demselben Gedankengange begründet er die Liberationswirkung der Bankzahlung in seinem Consilium I 187: „de vera solutione non apparet, sed solum de promissione facta per banchum. Sed respondeo, quod illa promissio loco solutionis cessit, ex quo facta fuit de mandato Terii (der zuschreibende Schuldner), ut patet ex scriptura libri banchi et sic statim fuit liberatus Terius a dicto Nicol. et Andrea et heredibus suis ipso iure . . . fuit enim quaedam delegatio.“ Des Widerspruches dieser Konstruktion mit der Begründung zur l. Utrum praesente und l. si cum fundum scheint sich der Jurist angesichts der Übereinstimmung des praktischen Resultates nicht bewufst geworden zu sein.

Die Erörterungen der Nachfolger des Paulus de Castro aus dem 15. Jahrhundert, unter welchen allenfalls Alexander

Tartagnus (de Imola) zur l. cit qui usumfructum zu erwähnen wäre, bieten keine neuen Principien mehr, sondern zeigen nur eine fortschreitende Unterwerfung des Bankierversprechens unter das Recht der Delegation.

In der Praxis d. h. in der Konsilienlitteratur gestaltete sich die Anwendung des Delegationsrechtes auf das Bankierversprechen (über dieses existiert eine besonders reiche Litteratur) dahin, dafs man entweder aus den bei Erteilung des Auftrags an den Bankier gebrauchten Worten insbesondere aus dem Gebrauche des Wortes delegare auf die Absicht, zu novieren und den ursprünglichen Gläubiger zu liberieren, schlofs, oder umgekehrt aus der thatsächlich festgestellten Liberationsabsicht auf die Delegationsnatur der ganzen Transaktion. Ein anderes praktisches Kriterium läfst sich auch schwerlich finden, da eben die römische Delegation und das Bankierversprechen zwei ganz verschiedene Institute sind und nur durch eine verfehlte Theorie aneinander gekettet wurden. Aus der Zahl dieser Konsilien werden hier nur einige, speciell charakteristische, herausgegriffen. Alexander Tartagnus (1424—1477) behandelt cons. VII Nr. 173 die Frage, „Utrum stante tenore dictae scripturae privatae cuius vigore tenebatur Petrus (Scoccia der Beklagte) facere in lb. 350 Andream de Florano (Bankier) obligari dicto Michaeli (Kläger, Versprechensempfänger) per instrumentum, competeret actio contra Petrum non solum ad faciendum obligari Andr. de Florano, sed etiam ad ipsam quantitatem lb. 350 Andrea se non obligante vel non solvente.“ Das Zustandekommen des Bankierversprechens schildern die Zeugen, und zwar zunächst der Bankier selber: „dictus Petrus delegavit et consignavit ipsum testem in debitorem et pro debitore in lb. 350 Ludovico (Sohn und Vertreter des Versprechensempfängers) praedicto praesenti et acceptanti rationibus et causis de quibus in dicta scripta (die Eingangs erwähnte scriptura privata cuius tenore etc.) et quod ipse testis tunc se obtulit paratum, velle se obligari dicto Ludovico per publicum instrumentum.“ Diese Aussage ergänzt ein anderer Zeuge dahin, dafs Andrea zu Ludovico gesagt habe: „Jo ti voglio fare securo de ogni hora, che tu voi, de quelle 350 libre per Piero". Tunc dictus Ludovicus nihil dixit et abiit. Nachher hat er sich aber anders besonnen, wollte sich mit dem Versprechen des Andrea nicht begnügen und klagte gegen Petrus Scoccia. Alexander Tartagnus entscheidet sich dafür, dafs Petrus allerdings durch das Versprechen des Bankiers nicht befreit sei, einmal, weil der Bankier erst nachträglich um die Zahlung, zu der an sich Petrus verpflichtet war, zu ermöglichen, beigetreten sei und sodann „quod in scriptura privata non dicitur, quod Andreas de Florano debeat promittere dicto Nicolao seu eius procuratori tanquam debitor dicti Petri, nec etiam dicitur in scriptura, quod debeat delegari". Es kommt also lediglich darauf an, aus den von den Parteien gebrauchten Worten die Liberationsabsicht festzustellen; ist die Liberationsabsicht festgestellt, so gilt das Geschäft als eine Delegation und das römische Delegationsrecht findet Anwendung. Im Resultat wie Alexander entscheidet auch Andreas Barbatia im cons. I 37 (abgegeben am 22. Februar 1469) unsere Frage. Martinus, Schuldner des Franciscus, assignavit eidem Francisco illum Nicolaum, ut sibi solveret illos 50 Flor. et promisit ille Nichol. solvere dicto Francisco (und zwar, wie im weiteren gesagt wird, indem er se subscripsit illi scripturae privatae, nämlich dem Vertrage zwischen Franciscus und Martinus) . . . Franciscus ille creditor acceptavit promissionem, quam fecit Nicolaus et illum in suo libro scripsit et etiam Martinus acceptavit illam promissionem quam fecit ille Nicol., ut solvat dicto Francisco. Der ursprüngliche Vertrag zwischen Martinus und Franciscus lag dem Juristen nicht vor, was er mit Recht tadelt; da also nicht festzustellen war, dafs expressis verbis gesagt sei delego tibi, so wird der Liberationseffekt verneint, obwohl die Bedenken, welche aus den Bucheinträgen sich gegen diese Entscheidung ergeben, ausführlich gewürdigt werden.

Über die, auch von Barbatia behandelte Frage, ob Eintragungen in die Handlungsbücher (und zwar nicht die Eintragung des Bankiers in seine Bücher, sondern in die des ursprünglichen Schuldners und des ursprünglichen Gläubigers in die ihrigen) zur Feststellung des Parteiwillens ausschlaggebend verwandt werden können, hat sich Franciscus de Accoltis (geb. um 1418, gest. 1485 oder 1486) in seinem consilium 5 ausgesprochen. Er bejaht diese Frage mit guten Gründen: „posito quod per promissionem factam virtute dictae scriptae, quae deducitur in puncto, non sit facta novatio prioris debiti, vere illud tamen per libros creditoris et debitoris constat, quod uterque eorum credidit obligationem priorem esse novatam. Nam creditor in suis libris non posuit illa ad creditum sui debitoris, et debitor econtra ad debitum sui creditoris, propter promissionem a Nicolao factam, unde patet, quod uterque eorum intellexit et credidit, obligationem esse novatam, quasi per istam promissionem esset satisfactum creditori: est enim vulgare, quod per scripturam libri declaratur intentio scribentis, quo animo actum gesserit in his, quae pluribus modis intellegi possunt et geri . . .“

Zu erwähnen ist endlich noch das cons. IV Nr. 100 des Jason de Mayno (1435—1519 über einen Vertrag aus dem Jahre 1508. Die Vertragsklausel lautet dahin, dafs sich die Käufer verpflichteten, für den Kaufpreis: „ad omnem et quamcunque simplicem voluntatem et requisitionem domini venditoris eum facere securum et cautum in civitate Genuae, Florentiae vel Lucae super banco ipsi domino venditori grato et accepto et ad ipsius domini electionem de solvendo pretium totius quantitatis praedictae . . .“ Jason nennt diese Vertragsklausel fideiussores dare und assecurare in bancho; er behandelt das Rechtsverhältnis ganz als selbstschuldige Bürgschaft und kehrt damit auf den Standpunkt zurück, von dem Azo ausgegangen war.

Das Ergebnis ist also, dafs das Wechselaccept nie und das Bankierversprechen nur unter Umständen, nämlich wenn es den ursprünglichen Schuldner befreite, als Delegationsstipulation angesehen wurde.

Dieses Resultat ist um so bedeutsamer, als die Anwendung des Delegationsbegriffes auf Verträge des täglichen

Lebens, wie die Formulare bei Durantis (v. Salpius S. 7) und die Notariatsurkunden (vgl. die im Exkurs aus Giraudus Amalrici citierten Stellen) beweisen, jener Zeit keineswegs fremd war.

Der Grund, weshalb die besprochenen Verkehrsinstitute gelegentlich als Delegation konstruiert werden, ist ersichtlich die Übereinstimmung der äufserlichen Thatbestände beider. Tratte und Aufforderung zur Abgabe eines Bankierversprechens, bezw. zur Gutschrift auf Bankkonto einerseits und iussus promittendi andererseits, kommen darin überein, dafs sie eine Aufforderung zur Abgabe einer Verpflichtungserklärung gegenüber einem Dritten enthalten; Accept, Bankierversprechen, Bankzahlung einerseits und Delegationsstipulation andererseits kommen darin überein, dafs sie eine auf Grund solcher Aufforderung ergehende Verpflichtungserklärung enthalten. Weiter aber geht ihre Ähnlichkeit nicht. Die Aufforderungen, welche bei den mittelalterlichen Geschäftsformen vorkommen, sind Mandate, bei der Effektuierung materiell charakterisierter Rechtsgeschäfte mitzuwirken; insbesondere ist der Auftrag in der lettera di cambio ein Mandat zur Effektuierung eines Cambium; und die Verpflichtungserklärungen, durch welche solchen Aufforderungen entsprochen wird, erzeugen materiell charakterisierte Obligationen, deren Inhalt im vorhergehenden erörtert ist. Der antike iussus promittendi aber ist Aufforderung zur Bewirkung einer Formalobligation, und die Delegationsstipulation, durch welche ihm entsprochen wird, begründet eine von dem Rechtsverhältnis zwischen Delegant und Delegatar formell unabhängige Verpflichtung ex stipulatu.

Exkurs.

Ein Bankierversprechen und nicht eine Bankzahlung, wie Schaube Jahrb. III 10 S. 514 fg. zu meinen scheint, ist das, bei Giraudus Amalrici nicht seltene vanare bezw. vanare in tabulis campsorum. Der Versprechende, der in manchen Fällen keineswegs Schuldner des ursprünglichen Schuldners ist, sondern ihm offenen Kredit giebt, beurkundet die erfolgte Haftungübernahme, welche den Schuldgrund bildet, und seine aus ihr entstandene Zahlungsverpflichtung in einer Stipulationsurkunde der gewöhnlichen Form.

Eine Befreiung des ursprünglichen Schuldners tritt, wie es scheint, als Folge des Bankierversprechens allein nicht ein, sondern allenfalls, wenn dasselbe von einer Delegation begleitet ist. In der Urkunde Blancard II Nr. 1025 quittiert Maimonus dem Bonafossus über eine Zahlung von 15 libr. mon. misc. „quas mihi vanasti pro Abraim filio Bofaracti debitoris mei apud Bogiam etc. . . . . clamans inde te et per te dictum Abraim et vestros quitios et absolutos, faciens inde tibi et dito Abraim etc.“, welche Worte den Schlufs gestatten, dafs bis zur Quittungserteilung Bonafossus und Abraim gehaftet haben. Eod. l. II Nr. 409 verspricht der Aussteller ex causa vanamenti die zugesagte Summe dare et solvere in festo Pentecostes proximo venturo (die Urkunde ist bereits am 8. April ausgestellt) und verpflichtet sich aufserdem „quod ego faciam tibi vanare dictas 165 l. apud Montempesulanum in aliqua tabula campsorum, quam cito tu fueris ibi (also das vanamentum steht neben der Zahlungsverpflichtung und findet statt vor dem Zahlungstermine) tibi dandas et solvendas in termino supradicto restituto tamen mihi instrumento praesente. Da erst bei Zahlung der vanierten Summe durch den Bankier die Urkunde über die ursprüngliche Schuld zurückgegeben werden soll, so mufs bis dahin auch der erste Schuldner gehaftet haben. Andererseits enthält die Urkunde II 867 eine Quittung ex causa vanamenti, in welcher nur der Versprechende befreit wird, der ursprüngliche Schuldner also wohl schon durch das vanamentum frei geworden war; aber hier wird auch betont, dafs der Versprechende Schuldner des ursprünglichen Schuldners gewesen war, also wohl delegiert ist [1].

Weiter begegnet das Bankierversprechen in der norditalienischen Statutargesetzgebung über kreditierte Kaufpreisforderungen. In der bolognesischen Statutargesetzgebung erscheint es noch in seiner ursprünglichen Gestalt als Bürgschaft neben anderen Sicherungsmitteln und steht ebensowenig wie die Bürgschaftsübernahme der Zahlung gleich. Statutum mercatorum Zusatz v. 1264 Rubr. 33. Kein Kaufmann soll einem Fremden bestimmte Arten Tuche det in credentia sine instrumento, nisi primo viderit et habuerit instrumentum procurationis sociorum suorum et nisi dictus mercator dederit hospitem suum pro fideiussore mercatori, a quo emerit . . . . . Additum fuit [a. 1272] huic statuto, quod quilibet mercator civitatis Bononiae possit accipere scriptum tabulle campsoris existentis in matricula campsorum de pannis . . . . venditis mercatoribus forensibus.

[1] Auf diesen Fall, und nicht auf jedes derartige Bankierversprechen, bezieht sich wohl auch die bei Goldschmidt S. 323 citierte Bestimmung des statutum Peyrae I c. 34 ut delegatio firma sit etc., wenn diese Bestimmung überhaupt eine specielle Verkehrseinrichtung im Auge haben sollte und nicht vielmehr eine Regel des römischen Rechts wiedergeben, bezw. korrigieren will.

Das Statut der Arte della Lana bisella v. 1288 verbietet, wie jede, so auch diese Art der Kreditierung Rub. 44.: Niemand soll Tuche ausliefern ohne Barzahlung „et ad aliquam scripturam alicuius alterius personae civis vel forensis stare non debeat, nec scribi facere.“

Weiter ausgebildet erscheint das Bankierversprechen in der florentinischen Gesetzgebung. In der arte di Calimala hat der Käufer nach dem Statut von 1299, sofern er nicht ad pagamentum (zahlbar auf einer Messe) gekauft hat, eine Kreditfrist von 3½ und, wenn er forestanus ist, von 2½ Monaten, gerechnet im allgemeinen von der Übergabe der Ware. Bei Übergabe der Ware hat der Einheimische entweder zu zahlen, in welchem Falle er pro rata temporis einen Kassenskonto von 10 % p. a. geniefst, oder pretium emptori scribere; der forestanus hat entweder zu zahlen (unter Abzug des Sconto), oder cum hospite suo cartam facere, in welcher der hospes principalis sein mufs, damit im Nichtzahlungsfalle auf ihn Schaden genommen werden kann, oder eine scripta libri cum hospite suo zu machen, d. h. seine Zahlungsverbindlichkeit und die des hospes in die Handlungsbücher eintragen zu lassen, aus welchen Einträgen, wie aus öffentlichen Urkunden, gehaftet wird. Ein „Bankierversprechen“ (über dessen Deckungsverhältnis III 49 eod. sehr interessante Bestimmungen enthält) liegt in den beiden letzten Fällen im Eintreten des hospes vor, liberierende Wirkung hat es, wie ersichtlich, nicht, vielmehr ist der hospes ausdrücklich als Prinzipalschuldner bezeichnet.

Bei den Kreditkäufen der Mitglieder der Florentiner arte di lana scheint freilich im Statut von 1317 (bei Lastig, Ztschr. XXIII S. 155) die Prinzipalhaftung desjenigen, der ein Bankierversprechen leistet, in eine Alleinhaftung übergegangen zu sein. Zwar in der Bestimmung, dafs der Verkäufer die Ware bei Kreditkäufen nicht weggeben soll, ehe der Käufer gezahlt oder fecerit . . . . pretium . . . . scribi [apud aliquem ex campsoribus] dürfte die Nebeneinanderstellung der Barzahlung und der Bucheintragung ebensowenig, wie in dem Statut der arte die Calimala ohne weiteres eine Gleichstellung anzeigen; aber wenn weiterhin sehr energisch hervorgehoben wird, dafs dem Bankierversprechen credi et stari possit et valeat per quemlibet mercatorem, so wird man freilich wohl schliefsen dürfen, dafs dies Versprechen auch die alleinige Sicherheit des Gläubigers bieten soll. Dafs es sich hier um Bucheinträge später fällig werdender Forderungen, und nicht (wie Lastig l. c. S 154, um die Gleichstellung dieser Einträge mit der Bankzuschreibung zu konstruieren, vermeint) um Zuschreibungen auf Bankkonto, unter Abzug eines Kassenscontos, handelt, ergiebt der Schlufs der Stelle, wo gesagt wird, die Bankiers seien bestellt „ad faciendum scriptas" an die Kaufleute (als Gläubiger) und für die Kaufleute (als Schuldner) „quibus et pro quibus credere et scribere voluerint", denen gegenüber und für welche sie Bucheinträge kreditierter Forderungen machen wollen, und diese Auffassung wird bestätigt durch eine Mitteilung Pöhlmanns (Wirtschaftspolitik der Florentiner Renaissance S. 96), welche ich dahin verstehe, dafs nach einer Bestimmung des Statuts der arte della lana von 1338 der Käufer, welcher Bankierversprechen anderer als der namentlich aufgeführten Bankiers beschafft, aufserdem anderweitige Bürgschaft für die Solvenz des Versprechenden leisten mufs, eine Bestimmung, die aufserdem noch zeigt, dafs die liberierende Kraft dieser Bucheinträge lediglich auf die Kreditwürdigkeit der Bankiers und nicht auf den Zahlungseffekt der Eintragung zurückzuführen ist. Weitere Beispiele für das Bankierversprechen bietet Sicilien. Nach dem Ritus Magnae Curiae von Palermo, welcher nach Cusumano (S. 252) vermutlich Bestimmungen des Novus Ritus von 1322 wiedergiebt, kann eine Zwangsvollstreckung sistiert werden, wenn der Schuldner dederit pignora aurea argentea vel jocalia vel bancum solutum (soll wohl heifsen soluturum) infra 15 dies, quod mentiri non soleat[1]. Ferner sagt das Consolato dei Mercanti di Trapani

---

[1] Man vergleiche hierzu Baldus i. l. si causam C. de executione rei iud. . . . Sed quid dicas, pone quod condemnatus dedit quondam

Cusumano S. 252 „... nullus Mercator audeat facere credentiam cuique mercatori aut alteri personae, nisi habeat instrumentum vel sufficiens pignus vel bancum solutorem ab eo."

Die Gleichstellung des Bankierversprechens mit Faustpfand und Notariatsinstrument dürfte nicht nur nicht beweisen, dafs das Versprechen der Zahlung gleich stand (wie Cusumano S. 252 meint), sondern das Gegenteil; die Ausführungen des Baldus, wonach es auf die eventuell aus dem konkludenten Verhalten der Beteiligten zu erschliefsende Parteiabsicht ankommt, dürften als durchaus sachgemäfs zu betrachten sein. Jedenfalls erhellt der Unterschied dieses Sicherung später fällig werdender Verbindlichkeiten bezweckenden Bankierversprechens von der Barzahlung vertretenden Zuschreibung auf Bankkonto, ohne weiteres.

---

campsorem, qui promisit solvere victori ... numquid iste, qui campsorem dedit sit liberatus. Resp. siquidem campsor iste fuit delegatus tanquam debitor, tunc condemnatus est liberatus ... si autem accessit obligationi, non fit novatio ... et ideo caute facit ille condemnatus, si facit sibi reddi chirographum laudi, quia ex hoc tacite sequitur eius liberatio tanquam facta ex causa delegationis. . . .

Pierer'sche Hofbuchdruckerei Stephan Geibel & Co. in Altenburg.